*Zwischen Venezuela
und Kolumbien*

Juan Luis Duque

# Zwischen Venezuela und Kolumbien

**Bibliografische Information der Deutschen Nationalbibliothek**
Die Deutsche Nationalbibliothek verzeichnet diese Publikation
in der Deutschen Nationalbibliografie; detaillierte bibliografische
Daten sind im Internet über http://dnb.d-nb.de abrufbar.


© 2013 Juan Luis Duque

Umschlagdesign, Satz, Herstellung und Verlag:
BoD – Books on Demand

ISBN  978-3-8482-3466-0

# Inhaltsverzeichnis

Ich widme die nachfolgenden Anekdoten und Geschichten allen meinen kolumbianischen Freunden. Ganz besonders aber meinem Freund Hernando, dem ich viel Einsicht in die lateinamerikanische Mentalität verdanke.
Die Lektüre dieser Anekdoten ist für diejenigen Leser gedacht, die entweder

- noch nie in Südamerika waren, aber davon träumen

- schon einmal dort waren und Ihren Aufenthalt gern in Gedanken nachvollziehen wollen

- dort gelebt haben und sich für eine Weile dorthin zurückversetzt sehen möchten.

Sie sehen also, wenn Sie diese Lektüre genießen, sollten Sie Muße zum Träumen haben und bereit sein, sich verzaubern zu lassen.

Juan Luis Duque

# Vorwort

Sehr geneigter Leser,

wenn Sie sich in die folgenden Texte vertiefen, werden Sie mit vielen kolumbianischen bzw. südamerikanischen Ausdrücken konfrontiert. Das ist beabsichtigt. Sie werden so ein wenig in das exotische Flair der dortigen Welt eingeführt. Aber nicht immer werden Sie die notwendigen Kenntnisse zur richtigen Aussprache mitbringen. Darum erlauben Sie mir folgende – hoffentlich hilfreiche – Hinweise:

» Die Betonung liegt normalerweise auf der vorletzten Silbe. Ist dies nicht der Fall, wird die zu betonende Silbe durch eine Tilde angezeigt. Daher meine Bitte: Nehmen Sie sich nicht immer ein Beispiel an den deutschen Nachrichtensprechern.

» »c« wird vor »a«, »o«, »u« wie »k« ausgesprochen. Vor »e« und »i« wie ein scharfes »s«

» »ch« wird im Wort wie unser »tsch« ausgesprochen (z. B. macho = *matscho*, männlich). Am Wortanfang wird es »k« wie bei uns gesprochen (z. B. Christo = *Kristo*)

» »g« wird vor »a«, »o«, »u« als »g« gesprochen, vor »e« und »i« dagegen wie »ch« (z. B. Gerardo = *Cherardo*, Gerhard). Wenn allerdings ein »u« vor dem »e« und »i« steht, wird »g« auch als solches gesprochen (z. B. guisantes = *gisantes*, Erbsen)

» »h« wird nicht gesprochen (z. B. Honda = *Onda*).

» »j« wird wie unser »ch« gesprochen (z. B. mejor = *mechor*, besser)

» »ll« wird wie unser »j« gesprochen (z. B. Llanos = *Janos*)

» »ñ«: nasal gesprochenes »n« klingt wie »nj« (mañana = *manjana*, morgen)

» »y« wird wie unser »j« gesprochen (z. B. mayor = major, größer)

» »b« und »v« werden im Volk sehr oft ähnlich, fast gleich gesprochen. Das ist allerdings nicht korrekt. Richtig sollte das »b« auch als »b« gesprochen werden, wie in burro = *burro*, Esel und das »v« wie ein weiches »w« in Wände

» »s« und »z« werden mit einem scharfen »s« gesprochen, ähnlich unserem »ß«. (z. B. vez = *Weß*, Mal). Ebenfalls wird so das »c« vor »e« und »i« gesprochen

» »eu«, »ei« werden immer getrennt gesprochen, (z. B. neu-tro = *ne-utro*, allerdings etwas zusammengezogen). Dies ist für Europäer eines der schwierigsten Aussprachenprobleme in der spanischen Sprache. Ausgenommen hiervon sind oft – aber auch nicht immer – »au«, »oi« und »ai«

Ich hoffe, daß Sie trotz oder gerade mit diesen Erläuterungen beziehungsweise Schwierigkeiten viel Spaß haben werden.

*Juan Luis Duque*
November 2012

# Ein Eigenbau namens *carro balinera*

Ich erinnere mich noch gut, daß ich in meiner Jugend – trotz des Krieges – ein Tretauto hatte und mein Bruder ein Dreirad. Bei all der heutigen Elektronik glaube ich doch, daß diese Fahrzeuge für Kinder immer noch »in« sind.

Daher tat es mir leid, daß ich das meinen Kindern in Kolumbien nicht bieten konnte. Ich glaube aber nicht, daß sie etwas verpaßt haben. Man baute sich dort eben ein *carro balinera*.

»Was ist das?«, fragen Sie.

*Carro* heißt Auto, Wagen, Karre. Und *balinera* ist ein Kugellager. Also dieses Gefährt war ein Kugellagerwagen.

Wenn Sie aufmerksam durch eine südamerikanische Stadt gehen, werden sie bemerken, daß die kleinen Verkaufsstände, die auf den Bürgersteigen stehen, mit Rädern aus Kugellagern versehen sind. Diese kleinen Kioske sehen ja meistens so aus, als ob man eine große Kiste auf die Kante gestellt hätte. Ungefähr von Mannshöhe und eineinhalb bis zwei Meter breit, besitzen sie im unteren Teil zwei Türen, hinter denen der Nachschub verborgen ist. Der obere Teil wird durch einen Deckel verschlossen, den man hochklappen kann.

Können Sie sich das vorstellen? Wird der obere Deckel hochgeklappt, liegen die Waren direkt vor Ihnen und der Verkäufer, der vor seinem kleinen Kiosk steht, hat gleichzeitig ein Dach. Abends schließt man den Deckel und schiebt den Kiosk an einen sicheren Platz. Da nun Räder teuer sind, zumal wenn sie mit Luftreifen versehen sein sollten, greift man zur einfachen Lösung und setzt ausgediente Kugellager ein. Not macht erfinderisch.

Sicherlich haben Sie auch noch folgende Beobachtung gemacht. In den Städten fällt ja viel Abfall an und wo der ist, gibt es auch Menschen, die nach Verwertbarem suchen; seien es nun

Dosen, Plastikbeutel, Flaschen oder Kartons. Für alles kann man noch ein paar Pesos bekommen. Meist sind es Straßenjungen, die ihre »Schätze« vor sich herschieben, und zwar auf selbstgebauten *carros balineras.*

So etwas wollten sich unsere Jungs auch basteln.

Einen Kistendeckel hatten wir von unserem Umzugsgut, und zwei Vierkanthölzer als Achsen waren auch schnell gefunden. Aber wie kam man an Kugellager?

Ich fragte in einer unserer Fabriken an, ob sie nicht ein paar von den größeren hätten, da kleine Kugellager ja selbst in den kleinsten Löchern auf der Straße stecken bleiben. Und siehe da, ein paar Wochen später erreichte mich eine Sendung mit vier schönen, großen Lagern.

Jetzt mußten nur noch die Vierkanthölzer an den Enden rund geschnitzt werden, damit die Kugellager darauf paßten. Die Hinterachse wurde starr montiert. Für die Vorderachse brauchte man einen Bolzen, damit sie lenkbar wurde. Auch wenn die Vorderachse länger war als die hintere, war der Lenkausschlag begrenzt, da die Achse direkt auf dem Kistendeckel lief und nicht erhöht angebracht war. Sonst wäre die ganze Konstruktion zu aufwendig geworden.

Jetzt brauchte man nur noch an den Enden der Vorderachse ein dünnes Seil anzubringen, dann war die Achse nach links oder rechts ziehbar. Und schon konnte sich einer darauf setzen und der andere schieben. Bremsen hatte dieses Gefährt nicht. Man nahm einfach die Füße herunter und bremste damit. Ich habe aber darauf geachtet, daß damit nur auf ebener Strecke gefahren wurde. Sonst wäre es zu gefährlich geworden.

Die Straßenjungen aber, die in der ganzen Stadt herumfahren, die brauchen Bremsen. Die sitzen aber auch nicht auf ihren *carros balineras.* Diese Wagen wurden nicht nur auf einem Kistendeckel gebaut, sondern man nahm einfach die ganze Kiste, unter die man zwei Achsen mit Kugellagern anbrachte.

Nach hinten wurde die Kiste ein wenig verlängert, damit die Jungen beim Abwärtsfahren draufstehen konnten, also so eine Art Trittbrett. Als Bremse nahm man dann ein Stückchen eines Autoreifens, das an der Kiste befestigt wurde. Trat man auf dieses Gummistück, bremste das ganze Gefährt. Eine sehr einfache Lösung.

Kriminell wurde es aber, wenn man so einem *carro balinera* auf einer Landstraße begegnete. Die Müllkippen liegen ja außerhalb der Städte, in denen natürlich alles Verwertbare eingesammelt wurde. Mangels eines anderen Transportfahrzeuges brachten die Jungen ihre »Schätze« mittels *carro balinera* zum nächsten bergab liegenden Dorf. Sie stehen dann hinten auf ihrem Wagen und fahren manchmal in halsbrecherischem Tempo.

Ich will mich jetzt nicht auf eine Geschwindigkeit festlegen, aber wenn einem so ein Gefährt begegnete, hielt man am besten gebührenden Abstand. Denn konnten die Jungen einem Schlagloch nicht ausweichen, flogen sie in hohem Bogen durch die Luft.

Ich bin mir aber sicher, daß sie an diesen Fahrten ihren Spaß gehabt haben. Wie unsere Kinder auch.

Eine weibliche Figur aus der
Kultur der *Indios Quimbaya*

# Das *Caracas* Anfang der 60er Jahre

Im August 1959 wurden wir in *Caracas* »ausgepackt«. Mir macht diese wörtliche Übersetzung aus dem Spanischen Spaß. Sie ist so präzise!

Wir kamen aus *Chiclayo* – im Norden Perus – und staunten nicht schlecht, als uns unsere Betreuer die dreispurige Autobahn hinauffuhren, die den Flughafen *Maiquetía* an der Karibikküste mit *Caracas* verbindet. So eine moderne Autobahn mit Mautstelle und zwei langen Tunneln hatten wir nicht erwartet. Diese Autobahn zieht sich durch ganz *Caracas* und besitzt in der Stadt mehrere Verteiler, so daß sie zeitweilig drei- und vierstöckig ist. Das erschien uns richtig großstädtisch.

*Caracas* liegt ja in ein schmales Tal eingebettet und ist von der Küste durch eine Kordillere getrennt. So blieb der Stadt nur eine Ausdehnung in Ost-West-Richtung. Dadurch hat die Hauptstadt Venezuelas eine enorme Länge aber eine geringe Breite. Eine Stadtautobahn war also sehr angezeigt, um die großen Distanzen in der Stadt bewältigen zu können.

Da ich ins Landesinnere sollte, um eine Fabrik aufzubauen, »steckte« man uns zunächst in das Hotel *El Conde*, mitten im Zentrum von *Caracas*, dem *El Silencio*. Wahrzeichen nicht nur des *El Silencio*, sondern auch für ganz *Caracas*, waren damals die *Twin-Towers*, die *Torres del Silencio*, die höchsten Gebäude der Stadt. In diesem Stadtteil lag auch unser Büro, so daß ich es bequem zu Fuß erreichen konnte.

Nun müssen Sie wissen, daß *Caracas* zwar 960 Meter hoch liegt, aber durch die Nähe zum Äquator doch sehr warm ist, nicht tropisch, aber immerhin subtropisch.

Ins Geschäft ging man trotz allem mit Schlips und Jackett. Wenn ich auch das Jackett im Büro in den Schrank hängte, auf der Straße mußte man es tragen.

Durch ganz *Caracas* zieht sich eine Stadtautobahn
mit ihren vielen Verteilern

Während wir noch im *El Conde* wohnten, ging ich mittags zu
Inge ins Hotel zum Essen. Was sollte ich sonst mit den eineinhalb Stunden Mittagspause anfangen? Ein nicht zu unterschätzender Faktor war sicherlich auch die Tatsache, daß die Hotelkosten zu Lasten der Firma gingen.

Eines Tages überquerte ich die *Plaza Bolívar* mit dem Reiterstandbild des Generals – mein Jackett am Aufhänger über der
Schulter –, als mich ein Polizist zu sich pfiff.

»Ziehen Sie gefälligst Ihr Jackett an«, befahl er mir. »So am
Befreier Venezuelas vorbeizulaufen ist eine Beleidigung und
eine Mißachtung des Generals«, setzte er hinzu.

Nach vielen Entschuldigungen meinerseits und einem schnellen Anziehen des Jacketts entließ er mich ohne weitere Buße.

Unsere Betreuer waren ein Schweizer Ehepaar, das uns auch
ein wenig die Stadt zeigte. Ich erinnere mich noch gut an eine
Begebenheit, als wir an einem Sonntag die Straße oberhalb von
*Caracas* entlang fuhren und an einem Punkt anhielten, von dem
man einen schönen Blick über die ganze Stadt hatte. Während

Herr Casal mir die markanten Gebäude der Stadt erklärte, waren die Damen im Auto sitzen geblieben.

Ein vorbeifahrender Polizeiwagen stoppte und forderte uns auf weiterzufahren. Wir dürften hier oben nicht mit unseren Mädchen stehen.

»Schauen Sie sich die Mädchen einmal an«, erwiderte Herr Casal, und als die Polizisten in den Wagen schauten und die runden Bäuchlein unserer Damen sahen, entschuldigten sie sich hastig und ließen uns in Ruhe. Unsere beiden Frauen waren nämlich schwanger.

Ja, so streng waren damals die Sitten.

Ein anderes Mal wollten Inge und ich abends ins Kino. Ich hatte zwar ein Jackett an, aber keinen Schlips. Man wollte uns ohne Schlips partout nicht hineinlassen. Gott sei Dank war der Kassenmensch aber findig und meinte:

»Ich kann ihnen eine Krawatte leihen, wenn sie fünf *Bolívares* Depot hinterlegen.«

Das tat ich dann, und der Abend war gerettet. Die fünf *Bs.* habe ich ihm später als Trinkgeld gelassen.

Da wir zu diesem Zeitpunkt noch kein Auto hatten, haben wir uns *Caracas* erwandert. Vom *El Conde*, das ungefähr gegenüber der Hauptpost *Carmelitas* liegt – oder muß ich sagen lag? – sind wir die ganze *Avenida Urdaneta* nach Osten hin gewandert bis zur *Plaza de Venezuela*, um die 1959 der Verkehr noch im Kreis herumgeführt wurde. Dort stand ein anderes markantes, hohes Gebäude, das *Edificio Polar*.

An der *Plaza de Venezuela* fängt das neue Zentrum von *Caracas* an: mit der *Sabana Grande*, einer vierspurigen Einbahnstraße in Richtung Westen. Wenn man also weiter nach Osten wollte, mußte man die *Avenida Casanova* – eine Parallelstraße – nehmen. In *Chacaito* kamen dann beide Straßen wieder zusammen und führten als *Avenida Miranda* weiter nach *Petare*, einem Arbeiterviertel ganz im Osten.

Das *Centro Simón Bolívar* war auch gleichzeitig
das Zentrum von *Caracas*, dem *El Silencio*

Während im *El Silencio* die preiswerteren Geschäfte waren, und die fliegenden Händler dort ihr Unwesen trieben, mußte man die *Sabana Grande* als eine mondäne Einkaufsstraße bezeichnen. Inge und ich drückten uns an den Schaufensterscheiben die Nasen platt und bewunderten die tollen Auslagen. Kaufen konnten wir ja nichts, erstens weil es sonntags war, wenn wir die langen Wanderungen machten, und zweitens fing ich doch gerade erst meine Karriere an und da galt es, jeden *Bolívar* umzudrehen. Wir gingen auch die gleiche Strecke wieder zurück, denn für ein Taxi besaßen wir nicht das notwendige Kleingeld.

In jener Zeit habe ich mich nie unsicher gefühlt, selbst wenn ich durch die Unterführung unter den *Twin-Towers* zum Büro ging, wo es beidseitig von Straßenverkäufern nur so wimmelte. In der Vorweihnachtszeit gab es dort den herrlichsten weihnachtlichen Schmuck zu kaufen. Meistens war er aus den USA importiert und daher neuartig für uns. Wir haben heute noch Weihnachtskugeln aus dieser Zeit.

Überhaupt haben wir all das Neue wie kleine Kinder bestaunt. Man muß bedenken, daß wir in der Nachkriegszeit in Deutschland kein Geld für irgendwelchen Luxus hatten. Und dann wurden wir so einfach in die große, neue Welt katapultiert.

Leider habe ich die Briefe, die Inge an ihre Eltern geschrieben hat, nicht aufgehoben. Ich weiß aber, daß wir von den ersten farbigen Tannenbäumen berichtet haben. Es gab nicht nur silberne und goldene, sondern auch grüne, blaue und rote. Allerdings hatten sie eher Ähnlichkeit mit an einen Besenstiel gebundenen Flaschenbürsten. Aber von weitem sahen sie ganz interessant aus.

Irgendwann wurde es der Firma dann zu teuer, uns in einem so guten Hotel wohnen zu lassen, und wir wurden in das Familienhotel *Río Azul* auf der *Avenida El Libertador*, etwas oberhalb der *Sabana Grande*, umquartiert. Uns war das sogar recht. Jetzt hatte Inge etwas mehr Annehmlichkeiten als im Zentrum, in dem es im Prinzip nur Büros gab.

Für mich wurde der Weg ins Büro jetzt allerdings etwas weiter, aber die meisten *porpuestos* bedienten auch die Strecke *El Silencio-Chacaíto*. Der Platz (*puesto*), den man bezahlen mußte, kostete dazumal *Bs.* 1,- und man konnte für diesen Preis so weit fahren, wie man wollte. Hatte ich aber etwas mehr Zeit, dann nahm ich den Bus. Der kostete nur einen *Medio*, also 25 *Centavos*, und ich steckte 75 *Centavos* in die Tasche. Und das bei einem Wechselkurs von 1,15 *Bolívares* zu einer DM. Das war Geld.

Ja, das mit den Bezeichnungen der Geldmünzen war auch so eine Sache. 50 *Centavos* heißen ein *Real*, 25 *Centavos* sind ein *Medio*, demnach also ein halber *Real*, die Hälfte eines *Medio* heißt eine *Locha*, gleich 12,5 *Centavos*.

Aus unseren Anfängen dazu eine Begebenheit: Inge wollte Postkarten kaufen, die einen *Medio* das Stück kosten sollten. Da Inge davon ausging, daß ein *Medio* ein halber *Bolívar* war, wollte sie handeln und fragte, ob sie nicht drei Karten für einen *Bolívar* haben könnte.

»Drei Karten kosten *Real y Medio*« war die Antwort. Also 75 *Centavos*. Aber Inge bestand darauf die Karten für einen *Bolívar* zu bekommen. Sie war so hartnäckig, daß der Straßenverkäufer endlich meinte: »Na ja, wenn sie unbedingt wollen, dann geben sie mir halt den *Bolívar*.«

Ich weiß nicht, was der Verkäufer sich gedacht hat, aber eine sehr hohe Meinung konnte er von uns *mosiús* nicht bekommen haben.

Mit *mosiú* – gesprochen mosju – bezeichnen die Venezolaner alle *gringos*. Der Ursprung des Wortes leitet sich vom französischen *monsieur* ab, hat aber einen abfälligen Beigeschmack.

Unser erstes Weihnachtsfest in der Fremde haben wir mit einem Adventskranz auf dem Hotelzimmer verbracht. Ein bißchen trostlos war es schon, aber wir zwei hielten uns gegenseitig fest und haben es überstanden. Inge war ja zu diesem Zeitpunkt im achten Monat schwanger.

Die *Plaza de Venezuela* vor dem Umbau, als noch der Kreisverkehr herrschte

Im Januar, nach über fünf Monaten Hotelaufenthalt, meinte mein Chef dann, daß ich jetzt vielleicht nach *El Tocuyo* in die Fabrik gehen könnte.

»Nein, das geht jetzt nicht mehr, denn jetzt muß erst das Kind in *Caracas* geboren werden«, war meine Antwort, zumal Inge Rhesusfaktor negativ war und einen guten deutschen Arzt gefunden hatte, der sie betreute.

Meine Argumente wurden akzeptiert, und so durfte ich dann Windeln im Hotelwaschbecken auswaschen. Pampers kannte man damals noch nicht. Es war eine »heiße« Zeit mit einem Kleinkind im Hotel. Zum Glück war es ein Familienhotel, und Inge durfte in die Küche, wann immer sie wollte, um heißes Wasser für das Fläschchen zu machen.

Als wir neun Monate später vom Lande nach *Caracas* zurückkamen, lag unser Ingo schon in der Karre. Jetzt hieß es, zu dritt spazieren zu gehen. Auch wenn der Verkehr schon zu jener Zeit immens war, fühlten wir uns doch wie in Deutschland bezüglich der Höflichkeit gegenüber einer Frau mit Kinderwagen. Wann immer wir am Straßenrand standen, hielten die Autos an – und zwar in allen Spuren – und ließen uns ohne Risiko über die *Avenidas* gehen.

1960 begann ein großer Umbruch. Der Kreisverkehr der *Plaza de Venezuela* war zu einem neuralgischen Stau mutiert. Man begann die *Plaza* zu untertunneln. Dazu mußte das große Denkmal versetzt werden, das in der Mitte stand. Heute steht es im *Parque Carabobo*, der sich gleich an die *Plaza de Venezuela* in Richtung Zentrum anschließt.

Als unser zweiter Sohn Ralf geboren werden sollte, war ich mit dem Aufbau einer weiteren Fabrik beschäftigt, diesmal in der Nähe von *Maracaibo*, also weit weg.

Seit ein paar Wochen wohnte ein spanisches Mädchen bei Inge, das ihr zur Hand gehen konnte. Als es dann losging – so gegen Mittenacht – trug sie Inge den Koffer bis auf die Straße.

Aber zur Klinik wollte sie auf gar keinen Fall mitfahren. Also setzte sich Inge auf ihren Koffer, um auf ein Taxi zu warten. Telefon besaßen wir damals noch nicht. Wir hatten noch nie eines besessen, und es hat uns auch während der ganzen Zeit in *Caracas* nie gefehlt. Eben nach dem Motto: »Gut kann man entbehren, was man nie besessen hat.«

Da es keine Taxistände gab, fuhren die Wagen auf gut Glück durch die Gegend. Nach einer Weile kam auch ein Taxi, und Inge gelangte rechtzeitig in die Klinik.

Warum ich das erzähle? Weil zu jener Zeit *Caracas* noch sehr sicher war, und wir nie Angst gehabt haben. Vielleicht waren wir auch etwas unbedarft.

Denn als ich eines Sonntagsmorgens vor die Tür kam, um meinen Wagen zu waschen, war er verschwunden. Am Montagmorgen bin ich dann zur Polizei gegangen, um den Diebstahl zu melden. Als ich ins Büro zurückkam, wartete schon ein Polizist auf mich und behauptete, er hätte meinen Wagen gefunden. Gegen einen Finderlohn würde er mir verraten, wo er stünde. Na ja, eine Kopie der Wagenpapiere hatte ich im Handschuhfach. Von daher war es nicht schwierig, mich ausfindig zu machen. Natürlich zahlte ich meinen Obolus. Und der Wagen stand wirklich dort, wo er gesagt hatte. Zwar fehlten das Radio, die Radtassen und andere Kleinigkeiten, aber sonst war er ohne Beulen.

Das Hotel Humboldt auf dem *Avila*

Der *Avila* ist der markanteste Berg in der Küstenkordillere, der Hausberg von *Caracas* sozusagen. Auf dem Gipfel hatte man ein großes, hohes Hotel errichtet – das Hotel Humboldt.

Um es zu erreichen, gab es eine Seilbahn sowohl von der Stadt- als auch von der Küstenseite her.

Es war ein interessanter Ausflug, hinaufzufahren und von dort die Aussicht zu genießen. Und nicht nur die Aussicht. Es gab auch eine Kunsteisbahn und ich habe dort tatsächlich meine Jugendkenntnisse im Schlittschuhlaufen wieder aufgefrischt. Bei Inge ging es sogar so weit, daß sie sich vom ersten Heimaturlaub in Deutschland Schlittschuhe mitbrachte.

Mit Besuchern war es immer eine nette Tour, von *Caracas* hinauf und später nach *La Guaira* – dem Hafen von *Caracas* – hinunterzufahren. Einer von uns beiden fuhr dann mit dem Wagen hinunter, um die Gesellschaft wieder nach oben – nach *Caracas* – zu bringen. Busse mochten wir nicht nehmen, und Taxis erschienen uns zu teuer. Wie gesagt, ich war noch am Anfang meiner Karriere, und ich hatte mir vorgenommen reich zu werden.

Acht Jahre waren wir in *Caracas*, und wir waren gern dort. Das Klima war angenehm – nicht rein tropisch – und es gab viele Ausländer, vor allem Spanier, Portugiesen, Italiener und Ungarn, die in den Nachkriegswirren ausgewandert waren.

Wir waren traurig, als wir aus Venezuela versetzt wurden. Wir waren als Deutsche zwar Ausländer, aber da unsere Söhne mit ihrer Geburt automatisch die venezolanische Staatsangehörigkeit erhielten, immerhin *padres de hijos venezolanos*, Eltern von »venezolanischen« Kindern!

Eine Okarina aus der Kultur
der *Quillacinga*

# Die Begrüßung

Die formelle Begrüßung geschieht in Südamerika ebenso wie in allen westlichen Ländern. Man sagt nach der Nennung seiner jeweiligen Namen: »Mit Vergnügen, *mucho gusto.*«

Sollte es ein wenig förmlicher sein, dann betont man noch, daß es sich auf das Kennenlernen bezieht: »Ein Vergnügen, Sie kennenzulernen, *mucho gusto en conocerle.*«

Beim nächsten Mal würde man sich dann mit: »Guten Tag, wie geht es Ihnen? *Buenos días, como está Usted?*« begrüßen.

So weit gibt es also keinen wesentlichen Unterschied zu dem, was wir kennen, wenn es sich um eine förmliche Begrüßung handelt. Das habe ich sogar als *gringo* schnell begriffen, als ich gerade erst »ausgepackt« war.

Schwieriger wurde es unter Freunden.

Mit: »*Hola, que hubo?*, Hallo, was gab's?«, konnte ich genau so wenig anfangen, wie mit der Redewendung: »*Hola, que me cuentas?*, Hallo, was erzählst Du mir?«

Ich habe dann immer gefragt: »Ja, was soll ich Dir denn erzählen? Was erwartest Du von mir?« Ein Kolumbianer konnte darauf nie eine vernünftige Antwort geben, da er den Sinn meiner Frage gar nicht verstand. Für ihn war das einfach eine feststehende Redewendung. Erst deutsche Freunde klärten uns später auf, daß man gar nichts erwartete, am allerwenigsten meine Neuigkeiten oder Geschichten.

Wenn man *muy amigo* ist, verändert man auch das formelle *buenos días* in ein verkürztes *buenas*, jetzt aber weiblichen Charakters. Und danach fragt man einfach nur: »*Que tal?*« Ganz frei übersetzt: »Wie geht's?«

Und dann folgt natürlich die innige Umarmung, bei der man sich gegenseitig auf den Rücken klopft. Man berührt dabei leicht die Wange seines männlichen Gegenübers und drückt ihn ein wenig an sich. Ursprünglich war das aber eine Geste, um den »Freund« dezent nach Waffen kontrollieren zu können. Diese Sitte des Umarmens habe ich bis heute bei *muy amigos* beibehalten. Ich finde es angenehm vertraut, einen guten Freund zu umarmen und ein wenig auf den Rücken klopfen zu können. Wenn man sich lange nicht gesehen hat, kann dieses Klopfen mitunter auch ein bißchen kräftiger ausfallen. Je nach den Emotionen, die dieses Wiedersehen auslöst.

Bei den Damen ist ein Küßchen auf die Wange durchaus üblich, wenn man sich schon ein paar Mal gesehen hat. Allerdings verheddere ich mich da immer.

Warum?

In Deutschland gibt man sich einen, in Kolumbien zwei und in der Schweiz drei Küßchen. Da wir nun sehr viele Schweizer Freunde haben, weiß ich immer nicht genau, ob ich nun zwei- oder dreimal mit meinen Lippen die Wangen der Damen berühren darf. Auch ist es für mich ein Problem, das ich bis heute noch nicht gelöst habe: Fängt man nun links oder rechts an?

Na ja, wenn man sich dabei in die Quere kommt, lacht man lustig los, und das Eis ist gebrochen. Hat doch auch etwas für sich?!

Ein Trinkgefäß der *Qimbayas*

# Ein Besuch in Mérida

Inge und ich haben nach heutigen Maßstäben jung geheiratet. Und in den ersten drei Jahren der Ehe bekamen wir zwei Söhne. Wer kann es uns da verdenken, daß wir auch einmal Urlaub ohne die Kinder machen wollten? Freundinnen nahmen sie uns ab: Der eine kam zu Vogts, der andere zu Neumeisters.

Wir wollten einmal den Südwesten Venezuelas kennenlernen, den Teil, der in den Anden liegt. Unser Ziel war *Mérida*.

Die ersten gut 100 Kilometer bis *Valencia* fuhren wir auf der Autobahn, der sogenannten *autopista*. Die nächsten 150 Kilometer bis *Barquisimeto* waren eine gut ausgebaute Straße. Aber das Stück zwischen *Barquisimeto* – der Hauptstadt des Bundeslandes *Lara* – und der Stadt *Carora* war gefürchtet. Eine Steppenlandschaft, sehr gebirgig und heiß. Die Asphaltdecke der Straße war gut. Aber die engen Kurven und schnellen Höhenunterschiede setzten einem sehr zu. Ich konnte diese Strecke nur ertragen, wenn ich am Steuer saß. So verstand ich es sehr gut, daß es Inge übel wurde, und wir mehrmals anhalten mußten, um uns zu verpusten.

Ich fuhr meinen ersten Amischlitten, einen *Ford Fairlane 500*, Baujahr 1957. Ein schickes, grün-weißes Coupé, das als einzigen Nachteil keine Klimaanlage hatte. Damals hatten die amerikanischen Wagen ja noch Charakter. Jedes Jahr sahen sie anders aus. Ich kannte mich gut mit ihnen aus und konnte fast auf Anhieb sagen, aus welchem Jahr welches Modell stammte.

Ein Manko hatten sie allerdings allesamt: ihre Straßenlage. Man schaukelte in ihnen gemütlich über die Straßen, und in die Kurven neigten sie sich so schön hinein, daß mir immer angst und bange wurde. Obgleich diese Wagen große Motoren besaßen und schnell fahren konnten, kam ich mir bei Tempo 140 schon sehr unsicher vor.

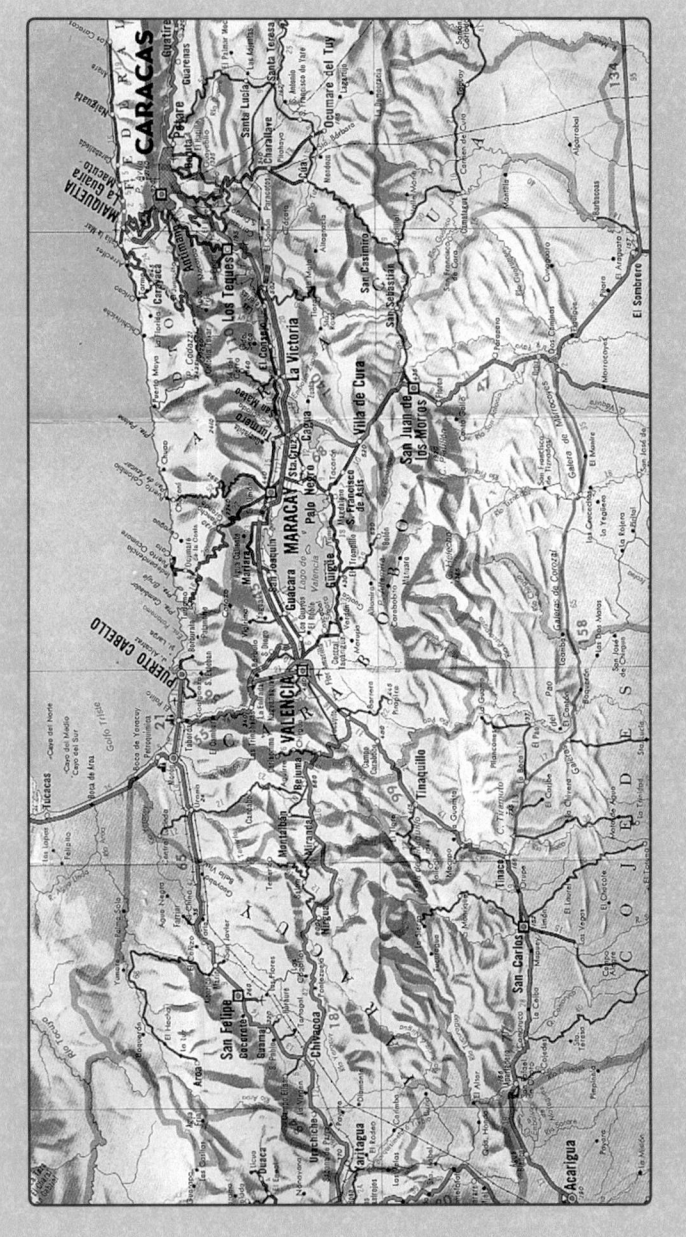

Bis ganz nach *Carora* hinein mußten wir nicht fahren. Bei *Puente Torres* bogen wir in südlicher Richtung nach *Agua Viva* ab. Wie gut, wir waren jetzt wieder auf ebenen Straßen, den »Petroleumstraßen«.

Sie hießen so, weil man einfach das Rohöl, das aus den nahe gelegenen Ölquellen des *Maracaibo* Sees gefördert wurde, auf die lose, auf einer Seite zusammengeschobene Erde, sprühte. Mit einer Planierraupe wurde es dann zur anderen Straßenseite verschoben und wieder mit Rohöl besprüht. Dabei vermischten sich Erde und Öl. Wenn man das ein paar Mal gemacht hatte, ergab sich schlußendlich eine plastische Masse, die man glatt verteilen und walzen konnte. Das war sehr einfach und schnell, hielt aber auch nicht lange. Aber was spielte das für eine Rolle, Venezuela hatte ja genug Öl. War die Decke kaputt, riß man sie ganz auf und das Schauspiel fing von vorne an.

Auf dieser Straße befanden wir uns nun in den frühen Nachmittagsstunden. Die Sonne glühte vom Himmel, und der Asphalt war sehr weich geworden. Bei 120 km/h begann plötzlich ein immer schneller werdendes Tack-Tack-Tack-Tack, das, bevor ich noch wußte, was es sein könnte, mit einem Knall endete. Mein Wagen fuhr sich mit einem Mal schwammig. Ich hatte den Fuß vom Gas genommen und ließ ihn ausrollen. Bei niedrigerer Geschwindigkeit fiel er hinten rechts leicht ab, und ich hatte Mühe, ihn auf der Straße zu halten.

Was war passiert?

Ein Teil der Lauffläche vom rechten Hinterradreifen war davongeflogen, und dann war er geplatzt. »Ein Glück, daß es hinten passiert ist«, dachte ich noch bei mir. Ich wundere mich noch heute, daß der Wagen auf der Straße geblieben ist.

Nun gut, der Reservereifen war schnell montiert. Ab jetzt hieß es vorsichtiger zu fahren, so ganz ohne Reservereifen.

Die Karte auf der vorigen Seite zeigt die Strecke
von *Caracas* bis kurz vor *Barquisimeto*.
Diese Karte hier zeigt den weiteren
Verlauf der Straße bis nach *Mérida*

In *Agua Viva* wollte ich einen Reifen kaufen. Als wir aber dort ankamen und ich das Nest sah, entschied ich mich doch lieber weiterzufahren und es in der wesentlich größeren Stadt *Valera* zu versuchen.

In *Agua Viva* verließen wir übrigens die Straße, die direkt südlich des *Maracaibo* Sees verläuft, und fuhren in die Berge.

Ja, *Valera* konnte man als Stadt ansprechen. Meine Reifen hatten eine ganz normale Größe, und so war es kein Problem, einen neuen zu bekommen. Als der Werkstattmensch meine Reifen sah, schlug er die Hände über dem Kopf zusammen und meinte:

»Mit solchen Reifen wagen Sie sich auf so heiße Straßen?«

Ich schaute ihn verständnislos an. »Wieso, da ist doch noch jede Menge Profil drauf.«

»Ja, schon, aber die sind *reencauchado*, rundum erneuert.«

Ja, das hatte ich noch gar nicht bemerkt. So lange war es auch noch gar nicht her, daß ich meinen *Fairlane* erstanden hatte. Und mit runderneuerten Reifen kannte ich mich nicht aus, oder, um es genauer auszudrücken, ich wußte gar nicht, daß es so etwas gab. Und in *Caracas* hatten sich die Reifen noch nie beklagt.

»Ich an ihrer Stelle«, meinte der Monteur, »würde einen kompletten, neuen Satz nehmen. Es ist zu gefährlich auf diesen heißen Straßen und bei höheren Geschwindigkeiten mit *reencauchierten* Reifen zu fahren.«

Das leuchtete mir ein. Blieb nur noch zu klären, ob er denn einen Scheck von der *Banco de Venezuela* aus *Caracas* annähme.

Auch die Menschen hier oben sehen anders aus, als in den wärmeren Regionen. Eine *campesina* und ihre *hija*

»Natürlich. Wenn ich mir ihre Personalausweisnummer auf-
schreiben darf, dann ist das schon ok.«

So kam ich zu fünf neuen Reifen und zu der mir bis dato unbekannten Erkenntnis, daß man Reifen auch rundum erneuern
konnte.

Durch diesen Aufenthalt war mir klar geworden, daß wir
*Mérida* heute nicht mehr erreichen konnten. Also fuhren wir
ungefähr 30 Kilometer nach *Valera* auf eine Nebenstraße, um
nach La Mesa zu kommen, ein Örtchen, das auf der Karte ein-
gezeichnet war. Der komplette Name war *La Mesa de Esnujaque*,
aber belassen wir es bei dem ersten Teil des Namens, der Rest
ist sicherlich ein Zungenbrecher für Sie.

Und es gab tatsächlich ein Hotel mit einfachen, aber sau-
beren Zimmern. Wir mieteten uns für zwei Nächte ein, denn
hier in den Bergen herrschte ein frisches, angenehmes Klima.
Und wenn wir schon hier waren, wollten wir auch etwas von der
Landschaft kennenlernen.

Sie war so ganz anders als in der Umgebung von *Caracas*:
Viel Grün überall, viele Bäume und das Gras sah sehr saftig aus.

Wir wanderten am nächsten Morgen auf die näheren Hügel
und genossen die morgendliche Frische. Es war ein sonniger Tag.
Aber die Sonne strahlte nicht diese erdrückende Wärme aus wie
in *Caracas* oder im tropischen Flachland. Wir stellten wieder
einmal fest, daß uns die Kälte mehr zusagte als die Wärme.

*La Mesa* war ein reines Bauerndörfchen mit kleinen beschei-
denen Hütten. Die Menschen trugen bedeckte Farben, dazu *rua-
nas* – Ponchos – und Filzhüte. Sowohl Männlein wie Weiblein.
Hier gab es nicht die Farben, die die Tropen normalerweise so
heiter machen.

Wenn uns ein *campesino* begegnete, grüßte er freundlich, blieb
stehen und erkundigte sich nach unserem Wohlbefinden und wie
es uns hier gefalle. Das war neu für uns. Zwar gibt es das auch bei
uns in den Bergen, daß man sich grüßt und vielleicht nach dem

Wohin fragt. Hier hatten wir es aber nicht erwartet.

Außerordentlich freundlich fanden wir die Menschen, und sie gaben uns auch Ratschläge, wohin es sich zu gehen lohne und daß wir aus den Bächlein hier überall trinken könnten.

So herrlich kann ein voll aufgeblühtes *Fraylejón* aussehen

Bisher kannten wir ja nur *El Tocuyo* – mit meiner Kaffeefabrik – und ich *Machiques* – mit der Milchfabrik. Aber die Landbevölkerung des Flachlandes ist ganz anders als die des Hochlandes. Heute weiß ich, daß das mit dem Klima zusammenhängt. Im tropischen Flachland wächst alles zu jeder Zeit, wenn es das nötige Wasser gibt. Im Hochland muß man dem Klima trotzen, warme Kleidung besitzen, heizen, Vorratswirtschaft betreiben und vieles andere mehr. Das prägt den Menschenschlag.

Damals war das alles neu für uns. Sowohl die Landschaft als auch die Menschen, und wir waren begeistert. Übrigens, von dem Wasser der Bächlein haben wir gekostet und sind nicht krank geworden. Aus heutiger Sicht war das aber doch wohl leichtsinnig.

Inge trinkt aus dem Bächlein auf dem Höhenweg

Am zweiten Tag fuhren wir wieder auf die Hauptstraße zurück und weiter in Richtung *Mérida*. Entlang dieser Straße gab es viele Forellenfarmen und in *Mucuchies* – sprechen Sie das »i« und »e« getrennt aus: Mukutschi-es – schauten wir uns eine an. Man nutzte einen Gebirgsbach und hatte an ihm entlang verschiedene Betonbecken gebaut, in denen Forellen verschiedener Altersstufen gehalten wurden. Das Wasser floß dann von einem Tank in den anderen. Eine Forellenfarm schien mir das Einfachste auf der Welt zu sein, wenn man einen Bach nutzen konnte.

Auf dem letzten Stück der Stecke mußten wir noch eine Paßhöhe überwinden und zu unserer Freude schneite es. Anhalten und aussteigen waren eins: Wir stellten uns in den Schnee wie kleine Kinder.

Und dann sah ich sie dort auf dem Hang stehen, die *Fraylejones*. In *Caracas* hatte ich bei Freunden ein getrocknetes Exemplar gesehen, und so eines wollte ich jetzt auch haben.

Wenn man es an der Wurzel abschneidet, zu Hause auf ein Brett spannt und alle seine pelzigen Blätter mit einer Stecknadel fixiert, dann sieht diese Pflanze nachher aus wie ein großes Edelweiß. Ich habe sie später unter Glas eingerahmt. Noch heute – nach 50 Jahren – hängt dieses *Fraylejon* bei uns an der Wand.

In *Bogotá* gab es massenhaft *Fraylejones*. Sie wachsen ab einer Höhe von 2.500 Metern. Dort lernten wir sie auch mit ihrer vollen, gelben Blütendolde kennen. Aber es ist mir nie wieder gelungen ein Exemplar gut zu trocknen. Dazu mußte es schon über der Schneegrenze gewachsen sein, damit die Blätter kurz, dick und dicht sind.

*Mérida* erreichten wir am frühen Nachmittag und schauten uns nach einem Hotel um, das wir bezahlen konnten. In dieser großen Stadt gab es ja alle Kategorien von Hotels. Vielleicht aber hatten wir uns schließlich doch das falsche ausgesucht? Man wollte unsere Heiratsurkunde sehen. Die hatten wir natürlich nicht bei uns. Wir hielten ihnen unsere Pässe unter die Nase und baten, sie mögen doch die Namen vergleichen, da sähe man doch, daß wir verheiratet wären.

Die Dame an der Rezeption verschwand dann eine ganze Weile mit unseren Pässen, und schließlich teilte man uns gnädig ein Zimmer zu.

Wir hatten ja auch schon in *Caracas* erfahren, daß die Moralvorstellungen im Venezuela der 60er Jahre ganz besonders prüde waren. Aber daß man eine Heiratsurkunde brauchen könnte, darauf wäre ich nie gekommen.

An diesem Abend besuchten wir ein Restaurant, in dem wir Forelle essen konnten. Ich weiß nicht, ob ich schon je zuvor Forelle Müllerinnen Art gegessen hatte. Ob so einer Delikatesse kam ich mir großartig vor!

Dabei stellten wir nachher fest, daß jedes Restaurant in *Mérida* Forelle auf der Speisekarte führte, und daß es hier wohl doch nicht so etwas Elitäres war, wie ich gedacht hatte. Aber für mich war es die Forelle meines Lebens. Heute mache ich einen großen Bogen um Forellen: Die haben mir zu viele Gräten.

Ursprünglich wollten wir auf den *Pico Bolívar*, den Hausberg *Méridas*, der mit seinen 5002 Metern immerhin ein Fünftausender ist. Aber die Seilbahn war wieder einmal kaputt. Schade. Das war doch unser Ziel gewesen, auf den *Pico Bolívar* zu fahren und die Eisgrotte dort oben zu besichtigen. So vertrieben wir uns die Zeit mit dem Schlendern durch die Stadt und einem Besuch im Botanischen Garten.

Dies war der erste Urlaub seit unserer Heirat. Wir genossen unsere Zweisamkeit, das frische Klima, die andersartigen Menschen und wahrscheinlich auch, einmal kein Kindergeschrei zu hören. Aber als wir das freudige Strahlen unserer Kinder beim Wiedersehen erlebten, waren wir froh, wieder zu Hause zu sein. Der Alltag konnte uns nun nichts mehr anhaben. Wir hatten ja aufgetankt.

Eine männliche Figur
der *Quimbaya*

# Eine Stadt am Ende der Welt: *Florencia*

Obwohl es ein wohlklingender Name mit großen Vorläufern ist, darf man in diesem Fall nicht zu viel erwarten. Zwar ist *Florencia* die Hauptstadt der *Intendencia del Caquetá*, aber hier befand man sich – fast – am Ende der Welt.

*Florencia* selbst liegt ganz am Anfang des *Caquetá*, aber viele Straßen, die suchen Sie in diesem Gebiet vergebens. Der weitaus größte Teil des *Caquetá* ist noch unberührter Primärwald. Leider – das möchte ich vorwegnehmen – wird auch dieser, wie in anderen Amazonasregionen auch, mehr und mehr zerstört.

Damit Sie ein Gefühl für die Größenordnungen bekommen, lassen Sie mich erwähnen, daß hier auf einer Fläche von einem Viertel Deutschlands, gerade einmal circa 250.000 Menschen lebten, von denen wiederum schätzungsweise ein Fünftel in der Hauptstadt wohnten. Ich benutze bewußt die Vergangenheit, denn seit dort in einem beträchtlichen Teil die FARC – *Fuerzas Armadas Revolucionarios de Colombia* – regieren, hat sich die Zahl der Einwohner sicherlich verändert.

In den 70er und 80er Jahren hatte ich beruflich in dieser Region viel zu tun. Wie es sich für eine Hauptstadt geziemt, besaß *Florencia* auch einen Flugplatz. Und wann immer ich konnte, benutzte ich das Flugzeug, um dorthin zu gelangen. Sogar einige Hotels gab es, die man mit diesem Namen ansprechen konnte.

Ich erinnere mich noch gut an die Tatsache, daß ich bei tropischen Regenfällen dort besonders gut schlafen konnte. Das monotone Prasseln auf das Wellblechdach übertönte jegliches andere Geräusch. Der Luxus dieses Hotels bestand aber darin, daß es mit einem *airconditioning* ausgestattet war.

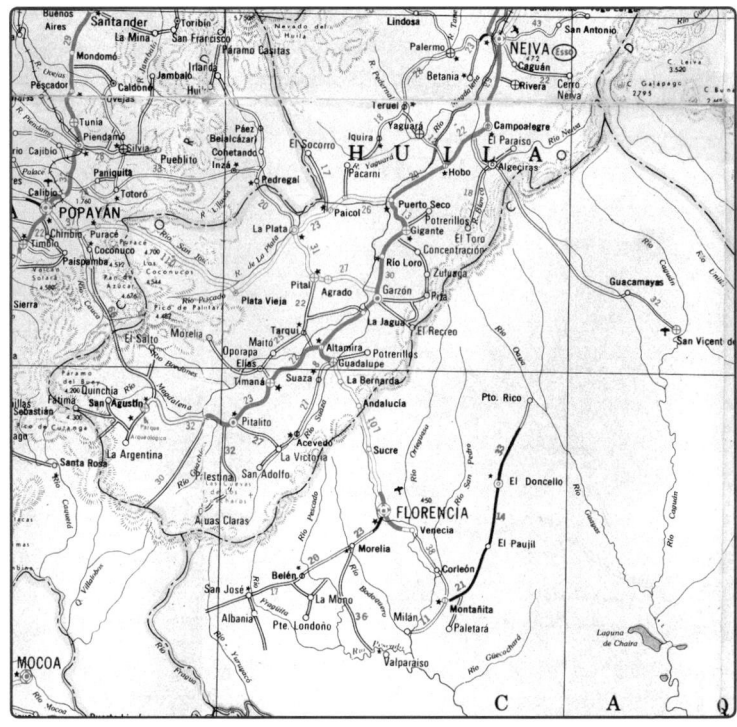

Dieser Kartenausschnitt zeigt die Strecke von *Neiva* bis nach *Florencia*. Man kann auch *San Augustin* erkennen

Kennen Sie diese Apparate, die in die Wand eingebaut werden? Es ist immer ein großes Problem, sie auf die richtige Temperatur einzustellen. Entweder wurde es zwischendurch zu warm, oder es war zu kalt. Und dann immer dieses automatische Anspringen und Abstellen, bei dem man unweigerlich wach wurde. Ich hatte es aufgegeben, da irgend etwas regulieren zu wollen. Voll auf »kalt« stellen und sich dann eine vernünftige Decke zu besorgen, das war meine Devise. Damit lief der Apparat ohne Unterbrechung – es entfiel das Anspringen und Abstellen – und der Körper ruhte sich von den tropischen Tagestemperaturen ausgezeichnet aus.

Ab und zu fuhr ich auch mit dem Wagen. Von *Bogotá* – auf 2.600 Metern – bis *Giradot* – auf 500 Metern über dem Meeresspiegel – ging es also stetig hinunter. Die Straße war verhältnismäßig gut, wenn auch sehr schmal und kurvenreich und damit entsprechend gefährlich. Man mußte höllisch aufpassen und die Fahrweise der anderen Verkehrsteilnehmer mitberücksichtigen. Kurven wurden geschnitten, und Busse hatten die unangenehme Angewohnheit, auch in den Kurven zu überholen.

Die Erinnerung an eine solche Begegnung läßt mich noch heute erschauern. Ich fuhr bergauf. In einer Kurve kamen mir zwei Busse nebeneinander entgegen. Ich konnte nur nach rechts ausweichen, denn die Busse hatten auf ihrer rechten Seite eine steil aufragende Felswand. Im Normalfall fiel es dementsprechend auf meiner rechten Seite senkrecht nach unten ab, aber mein Schutzengel wollte, daß just hier ein wenig mehr Abraum zur Verbreiterung der Straße zur Verfügung gestanden hatte. Als mein Wagen stand, mußte ich aussteigen und mich eine Weile erholen. Ich zitterte am ganzen Körper. 20 oder 30 Meter weiter vorn oder hinten, hätte ich jetzt samt meinem Auto einige hundert Meter weiter unten gelegen. Ich habe mir übrigens die Stelle genauer angeschaut. Man hatte hier den Berg abgetragen, um die Kurve ein bißchen breiter zu gestalten. Mein Glück!

Von *Giradot* ging es auf einer fast geraden Straße über *Espinal* nach *Neiva*. Nur die Eintönigkeit und die Hitze machten einem da zu schaffen. 1500er Käfer besaßen auch damals noch kein »aire«. Bis nach *Garzón* mußte ich an diesem Tag kommen. Dort wollte ich über Nacht bleiben, da ich dort auch geschäftlich zu tun hatte.

Mit zwei Kollegen der Fabrik *Bugalagrande* traf ich mich hier. Mit ihnen wollte ich *Florencia* gemeinsam besuchen. Ich ließ meinen Wagen in der Milchempfangsstation Garzón, und wir brachen zeitig am nächsten Morgen mit dem Firmenjeep auf.

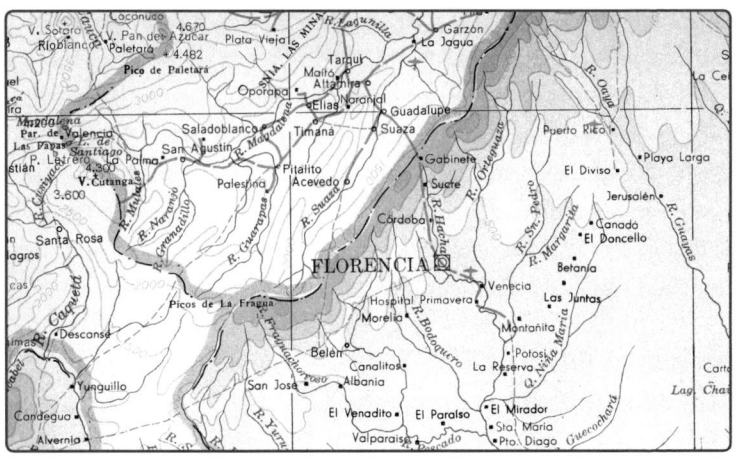

Dieser Ausschnitt in größerem Maßstab erlaubt Ihnen
vielleicht ein Verfolgen der verschiedenen Routen,
die erwähnt werden

In *Altamira* verzweigte sich die Straße, einmal nach *San Agustín*
und zum anderen nach *Florencia*. Nach dem Überqueren des
Passes bei *Gabinete* – auf ca. 2.000 Metern – ging es unaufhalt-
sam nach *Florencia* hinab auf einer Straße, die von Schlaglöchern
übersät war. Das war eine Fahrt von ungefähr drei Stunden.
Diese unbefestigte Straße war eine Tortur und nur mit einem
Jeep oder LKW zu befahren. Sie war manchmal so eng, daß bei
entgegenkommendem Verkehr eines der beiden Fahrzeuge zu-
rücksetzten mußte. In der Regenzeit konnte man auch damit
rechnen, daß eine Brücke weggerissen worden war, und man
durch eine provisorische Furt fahren mußte. Waren die Wasser
jedoch zu hoch, war Warten angesagt, um es später zu versuchen. Ein wirkliches Risiko bestand allerdings nicht für uns,
da die Fabrik schon Hilfe schicken würde, sollte etwas mit dem
Weg nicht in Ordnung sein.

Die ersten Male waren es immer einige Tage, die ich dort
unten verbrachte. Es mußte das Grundstück für eine Fabrik

ausgesucht werden: Es sollte Anbindung an eine Straße haben, an einem Fluß oder Flüßchen liegen, wenn möglich Stromanschluß besitzen und sich nicht zu weit von einer Ortschaft befinden, wegen der Arbeitkräfte.

Während der Aufbauphase der Fabrik waren später weitere Reisen vonnöten. Aber meistens benutzte ich das Flugzeug. *Avianca*, die kolumbianische Fluglinie, bediente *Florencia* sogar mit einem Jet.

Als die kleine Fabrik fertig war, in der die Milch eingedampft wurde, um Transportkosten zu sparen, wurde auch mehr Milch gebraucht. Auf der Suche nach möglichen Milchlieferanten fuhren wir auch im Kanu den *Río Orteguasa* hinunter bis zum Zusammenfluß mit dem *Río San Pedro*. Dort hatte ein ehemaliger BASF-Mitarbeiter eine hübsche *Finca*, und wir nutzten die Milchsuche für einen Besuch bei ihm. Es war schon paradiesisch, in dieser tropischen Landschaft mit der Natur zu leben.

Allerdings verlangte dieses Leben eine ganz besondere Persönlichkeit. Man war hier weit von der Zivilisation entfernt. Das Land war groß, und man hatte für die Arbeiten seine Leute. Rinderzucht war das einzige, was man dort betreiben konnte. Das bißchen Gemüse, das man für sich selbst brauchte, ließ sich schon anbauen. Ansonsten aber war die Humusschicht so dünn, daß man keinen Ackerbau betreiben

Hier wird eine neue Straße gebaut, die den Urwald zerschneidet und den Raubbau fördert

konnte. Trinkwasser entnahm man den Flüssen und bereitete es dementsprechend auf. Den Strom mußte man sich selber herstellen. Und alles andere, was man benötigte, mußte mit der *canoa* herangeschafft werden. Auch wenn man zum Arzt wollte, gab es nur den Fluß.

Sie sehen also schon, das Paradies hatte so seine Tücken. Ich war gern zu Besuch dort. Eine himmlische Ruhe, keine Hast, die Zeit schien still zu stehen. Ich glaube aber, daß ich nicht der Mensch wäre, der das auf Dauer ertragen könnte. Dann doch lieber kein Paradies!

Übrigens, kleine Milchbauern haben wir auf dieser Route gefunden, und die Milch wurde dann per *canoa* zu dem Punkt gebracht, wo der *Río Orteguasa* die Straße kreuzt. Dort war ein Sammelpunkt eingerichtet worden, und der Lastwagen übernahm die Milchkannen.

*Florencia* hatte nur diese eine Zugangsstraße, auf der wir gekommen waren. Im Bau war eine weitere Verbindung nach *Mocoa*, um so nach *Pasto* und zur ecuadorianischen Grenze zu kommen. Auch in diese Richtung sondierten wir. Da habe ich den Raubbau der wertvollen Hölzer aus den Primärwäldern kennengelernt. Der Straßenbau an sich zerschneidet schon die Landschaft, aber ihm folgte die »Zivilisation«. Zunächst waren es nur die Holzfäller, die beidseitig der Straße tief in den Primärwald hinein die wertvollen Bäume fällten und gleich an Ort und Stelle zersägten. Mit großen Handsägen wurden die riesigen Stämme auf Länge geschnitten, diese Stammstücke dann auf hohe Gestelle gelagert und längsweise zersägt. Dabei stand ein Mann auf dem Stamm, ein anderer unten auf dem Boden. Die lange Handsäge wurde vom Obenstehenden nach oben gezogen und der Untenstehende zog sie wieder hinunter. Eine Knochenarbeit, bei der ich die Männer immer nur mit einer Hose bekleidet gesehen habe.

Wenig später folgten dann die Händler, die kleine Buden aufstellten. Und als letzte kamen die Siedler, die die Flächen rodeten und versuchten Ackerbau zu treiben. Nach wenigen Jahren war dann das bißchen Humus weggeweht, das sich in Jahrhunderten gebildet hatte, und die Siedler zogen weiter und rodeten ein neues Stück. Das verlassene Land versteppte anschließend. Wald bildete sich dort nicht wieder!

Dieses Drama findet nicht nur in Kolumbien statt und aus der Sicht der Menschen, die um ihr Überleben kämpfen, kann ich es sogar verstehen. Aber wir alle sägen uns damit den Ast ab, auf dem wir sitzen.

Wir entnahmen auch unser Wasser für die Prekondensationsstation dem Bächlein, das an unserem Land vorbeifloß. Durch die Rodungen floß es mit den Jahren jedoch immer kärglicher und wir mußten eine andere Quelle für unser Trinkwasser suchen. Es galt einen Brunnen zu bohren. Grundwasser war aber so gut wie keines vorhanden, da eine mehrere hundert Meter dicke Lehmschicht verhinderte, daß das Oberflächenwasser in tiefer gelegene Schichten versickern konnte. Das Regenwasser hatte einfach keine andere Möglichkeit als oberflächlich abzufließen. In einer Kieslinse fanden wir dann aber in

Das Holzsägen auf vorsintflutliche Art ist ja ganz interessant, aber es dokumentiert zugleich auch den Raubbau an der Natur

circa 400 Metern Tiefe doch noch geringe Wasservorräte, mit denen wir zumindest unsere Trinkwasserversorgung sicherstellen konnten. Für Industriewasser mußten wir verstärkt auf Rezirkulation setzen.

Zurück zur Milch. Auf dieser neuen Straße in westlicher Richtung nach *Belén* und *San José* kamen wir zu früh. Die Viehzucht hatte sich dort noch nicht etabliert. Also hieß es in die östliche Richtung zu sondieren.

In *Doncello*, 50 Kilometer Luftlinie östlich von *Florencia*, wurden wir fündig und richteten dort eine Empfangs- und Kühlstation ein. Die Straße dorthin war asphaltiert, was mich sehr erstaunte. Das Rätsel löste sich aber schnell, als wir auf der Strecke mehrere »Asphaltminen« fanden.

Das waren zu Tage tretende Ölsände, also ein Sandstein aus dem das teerige Erdöl nur so heraussickerte. Mit einem Bulldozer löste man das Gestein, das dabei meistens schon zerbröselte, schaufelte es auf Kipper und fuhr es zur Straße, wo es direkt eingebaut wurde. Nach dem Planieren brauchte es nur noch gewalzt zu werden. Fertig war die Asphaltdecke. Wegen eines fehlenden Unterbaus hielt sie nicht sehr lange, aber von den Ölsänden gab es genügend.

Bis *Puerto Rico* sind wir mit dem Jeep gekommen, dann wurde es uns zu abenteuerlich. Durch etliche Furten hatten wir uns noch gewagt. Sollte aber Regen einsetzen, kämen wir wahrscheinlich nicht mehr zurück. Es sollte zwar so etwas wie eine Straße nach *San Vicente de Caguán* geben. Aber das wollten wir doch lieber nicht erforschen.

Sagt Ihnen der Name *San Vicente de Caguán* etwas? Nein?

Das ist die Region, die die kolumbianische Regierung Mitte der 90er Jahre den FARC überlassen hat, damit sie zu Friedensgesprächen bereit wären. Als ob es im Interesse einer *guerilla* liegen kann, Frieden zu schließen!

Aber auch zu meiner Zeit gab es in diesen verlassenen Gegenden schon *guerillas*. Nur bewegten sie sich noch nicht so öffentlich und unverfroren wie heute. Das Militär patrouillierte die Hauptverkehrswege und bei Kontrollen ging man richtig zur Sache. Ich kannte das schon, aber mein Gast aus der Schweiz, mit dem ich die Fabrikationsstätten einmal besuchte, schaute ganz schön überrascht, als wir kontrolliert wurden. Der Wagen wurde mit vorgehaltenem Maschinengewehr angehalten. Zunächst wurde uns befohlen, uns nicht zu bewegen, während ein Soldat den Fahrer befragte. Die restlichen Soldaten beäugten uns argwöhnisch. Dann kam der Befehl, einzeln auszusteigen, die Hände auf das Jeepdach zu legen und die Beine zu spreizen. Mein Besucher verstand die spanischen Befehle nicht schnell genug und hatte im nächsten Moment schon einen Gewehrkolben im Rücken, während ein anderer ihm die Beine auseinanderschlug. So hart waren auch damals schon die Sitten. Dabei mußte man auch noch die Klappe halten. Beschwerden halfen nichts, machten alles höchstens noch unangenehmer.

Wenn man aber wußte, daß das Militär oft in Hinterhalte gelockt wurde, und meistens kein Soldat die Massaker überlebte, wird dieses Vorgehen ein wenig verständlicher. Es mag aber auch die Tatsache eine Rolle gespielt haben, daß man uns *gringos* zeigen wollte, daß sie auch durchgreifen konnten.

Also, die *guerilla* ist in Kolumbien nichts Neues. Nur die späteren Regierungen haben es mit ihrer Nachgiebigkeit ermöglicht, daß sie sich verstärken konnte. Heute ist sie mit besseren Waffen ausgestattet als das Militär, von Helikoptern und Flugzeugen einmal abgesehen. Das Geld hierfür »erwirtschaftet« die FARC mit Entführungen und neuerdings auch mit dem Drogenhandel.

Das *Caquetá* ist heute für leitende Angestellte tabu, für *gringos* sowieso. Die Möglichkeit einer Entführung wäre doch ein gefundenes Fressen für die FARC.

Friedensgespräche sind ja selbst in Deutschland zwischen deutschen kirchlichen Vertretern und der FARC geführt worden. Aber spätestens nach der Entführung der drei GtZ-Mitarbeiter (Gesellschaft für technische Zusammenarbeit) im Frühsommer 2001 sollte auch unseren Politikern ein Licht über die eigentlichen Ziele der *guerilla* aufgegangen sein. Denn auf Proteste des deutschen Staates hieß es von der *guerilla* sinngemäß, daß es »ihr Bier« sei, wie sie den »Krieg« zu führen hätten.

Die Kühe geben aber weiterhin Milch, die eingesammelt und verarbeitet werden muß. Nur eben schade für die wirtschaftliche Entwicklung dieser großen Region, den Erhalt des Regenwaldes und dem Umweltschutz im allgemeinen.

Eine Urne mit Deckel aus der Region *San Agustín*

# Juan im Glück?

Anfang der 70er Jahre war Kolumbien noch nicht der Traum eines Südamerikabesuchers und weitgehend unbeachtet, weil Auswanderer die bekannten Länder, wie Brasilien, Argentinien und Venezuela bevorzugten. Ich aber durfte in Kolumbien leben. Stellen Sie sich einmal dieses Privileg vor!

1967 dort »ausgepackt«, mußte ich mich mit den neuen Gegebenheiten zurechtfinden. Das heißt, ich kam von der »Weltstadt« *Caracas*, der Hauptstadt Venezuelas, in die »Provinzmetropole« *Bogotá*, der Hauptstadt Kolumbiens. Hauptstadt und Hauptstadt sind eben nicht immer miteinander vergleichbar.

*Caracas* war eine nimmermüde Weltstadt. 960 Meter über dem Meer gelegen herrschte dort ein phänomenales Klima. Warm am Tage aber erträglich des Abends. Man trug bunte, kurze Hemden und Blusen, was dem täglichen Leben ein heiteres Flair verlieh. Es war locker und »fast« tropisch.

In *Bogotá* erwartete mich eine wohlangezogene Gesellschaft mit Anzug und Mantel und es schien mir, als ging es dort viel gesitteter zu als in *Caracas*. Nur, als ich später ein wenig hinter die Kulissen schauen konnte, bemerkte ich, daß das notgedrungen geschah. Für ein Klima auf 2.600 Metern Höhe eigneten sich bunte, kurzärmlige Hemden nicht, man brauchte wärmende Kleidung. Die erschien mir eben auf den ersten Blick dezenter – um nicht zu sagen wohlhabender – als diejenige, die man in *Caracas* trug.

So lautete auch mein erster Bericht an Inge, daß wir hier besser leben würden als in Venezuela. Wir zogen also freudig um.

Es stellte sich schnell heraus, daß die sozialen Verhältnisse in Kolumbien nicht anders waren als die in Venezuela. Die dunklere und wärmendere Kleidung hatte mich auf den ersten Blick getäuscht. Die Anzüge der Menschen auf den Straßen waren verschlissen und speckig. Zwar trug der *cachaco* – das ist der Spitzname für die gebürtigen Bogotaner – zu jener Zeit immer noch einen Hut und bei gutem Wetter seinen Mantel über dem Arm, aber die Armut wurde dadurch nicht überdeckt.

Für uns waren die Würfel gefallen. Hier mußten wir uns niederlassen, ob wir wollten oder nicht: Es hatte uns hier zu gefallen!

Schnell erkannten wir die großen topographischen Unterschiede zwischen Venezuela und Kolumbien. Während Venezuela nur im Westen von den östlichen Andenausläufern gestreift wird, liegt Kolumbien auf allen dreien: der östlichen, der mittleren und der westlichen Kordillere.

Konnte man in Venezuela auf hervorragenden Straßen 1.000 Kilometer gut überwinden, schaffte man in Kolumbien in der gleichen Zeit nur die Hälfte der Strecke, und das noch auf Straßen, denen man diesen Namen eigentlich gar nicht geben durfte!

In Venezuela hatte ich fliegen als Luxus empfunden, den ich mir und der Kompanie nicht zumuten konnte. Aber hier wurde ich eines Besseren belehrt. Fliegend konnte man 1.000 Kilometer in etwas mehr als einer Stunde überwinden, und man mußte dazu nicht per Straße zwei Bergpässe von je 4000 Metern überwinden.

In die großen Städte flogen die renommierten Fluggesellschaften wie AVIANCA oder SAM. In die kleineren mußte man mit unbekannten Linien fliegen. Nach *Valledupar*, das war so ein Fall. Zwar war *Valledupar* die Hauptstadt des Departments *Cesár* und besaß einen Flugplatz, der allerdings für moderne Jets zu kurz war. Also flog ich mit der AVIANCA in modernen Jets von *Bogotá* nach *Barranquilla* und von dort mit der guten, alten DC 3 nach *Valledupar*. Ich hatte immer eine Plastiktüte dabei, denn von *Barranquilla* ging es fast 180° um den Fuß der *Sierra Nevada de Santa Marta* herum. Sie war wunderschön anzuschauen mit ihren schneebedeckten Gipfeln, aber regelmäßig überkam mich nach circa 30 Minuten eine starke Übelkeit. Irgendwie schaffte ich es doch immer, ein Erbrechen auf dem 40-minütigen Flug zu vermeiden.

Kleinere Fluggesellschaften versuchten mit der Zeit, der AVIANCA Konkurrenz zu machen, und ich benutzte sie auch. Der Flug von *Bogotá* nach *Valledupar* war ja ok, aber der Rückflug ging später über *Macao*, einer Grenzstadt zu Venezuela. Beim ersten Mal war ich erstaunt, daß alle freien Sitze um mich herum mit Schmuggelware vollgepackt wurden. Wahrscheinlich wußte ich als einziger *gringo* auf diesem Flug nicht, was hier passieren würde. Denn während viele Menschen nach *Macao* mitflogen, wollte von dort fast keiner nach *Bogotá*. Auf meine Frage an die Stewardeß, ob das Flugzeug nicht überladen wäre, erklärte sie mir strahlend, daß es so vollgepackt viel ruhiger fliegen würde. Nun, mitgefangen, mitgehangen. Das Abheben von der Piste machte mir schon einige Sorgen. Wir »liefen« und »liefen« die Piste entlang, aber endlich hob sich die Maschine ganz allmählich in die Höhe. Und wirklich, sie lag wie ein Brett in der Luft.

Einmal flog ich mit meinem Assistenten Werner Ryser zurück nach *Bogotá*. Während der anderthalb Stunden Flug nach *Bogotá* meinte mein junger, unverheirateter Assistent, wir sollten uns mal nach hinten begeben. Zu meiner Überraschung erwartete uns dort eine hübsche *aeromosa* – zu »deutsch« Stewardeß – und kredenzte uns alles, was wir wünschten. »So ist das halt mit Junggesellen«, dachte ich bei mir. Irgendwie schade, daß mir so eine Behandlung heute nicht mehr zuteil wurde. Wir hatten einen netten Plausch mit der Kabinenbesatzung. Es war einer der angenehmsten Flüge von *Valledupar* nach *Bogotá*.

Um so erschrockener war ich, als nur zwei Wochen später die Nachricht eintraf, daß dieser Flieger beim Abheben von *Valledupar* seine Flughöhe nicht rechtzeitig erreichen konnte und in einen Hügel geprallt war. Mit genau der gleichen Besatzung, mit der wir vor vierzehn Tagen so lustig geplaudert hatten! Alle waren tot! Mir war sofort klar, weshalb das passiert war. Diesmal war das Flugzeug zuerst nach *Macao* geflogen und dann mit dem Schmuggelgut über *Valledupar* zurück nach *Bogotá*. Schwer beladene Flieger liegen halt wie Bretter in der Luft und kleine Hügel können dann zu Bergen werden.

»Juan im Glück«, dachte ich bei mir.

Ein »*ídolo*« im Park von *San Augustín*

# *No se preocupe* – Machen Sie sich keine Sorgen

Redewendungen gibt es in jeder Sprache. Und manchmal sind sie bloße Floskeln. Nur ich *gringo* hatte mitunter Probleme, die Ernsthaftigkeit der Worte in einer neuen Sprache zu erkennen, das heißt, zu unterscheiden, was bloße Floskel war, was nicht und wann es sich um eine Redewendung handelte.

Das erste Mal, daß ich mit dem »*no se preocupe*« konfrontiert wurde, war bei der Ankunft im Hotel. Uns war eingetrichtert worden, unsere Koffer ja nicht aus den Augen zu lassen. Also wollte ich nach dem Einschecken unbedingt meine Koffer direkt mit aufs Zimmer nehmen. Aber der Hotelboy wehrte mit den Worten ab:

»*No se preocupe, doctór*, dafür sind wir zuständig. Ich bringe Ihnen die Koffer gleich aufs Zimmer.«

Als dann der Rezeptionschef auch noch nickte und meinte: »Das ist ok«, fügte ich mich in mein Schicksal.

Als ich mich entschlossen hatte, in Kolumbien ein Haus zu bauen, mußte ich mich natürlich auch um einen Kredit bemühen. Dafür war die *Banco Central Hipotecario* – die Hypothekenbank – zuständig. Also habe ich mir dort die notwendigen Formulare besorgt und ausgefüllt. Mit all den vielen Anlagen, wie Kopie der Steuererklärung, Bescheinigung des Arbeitgebers, Auflistung meiner Vermögensverhältnisse und vieles mehr, reichte ich meinen Antrag bei der BCH ein.

Beim Einreichen der erforderlichen Papiere sagte mir der Schalterbeamte: »Das wird ungefähr zwei bis drei Wochen dauern.«

Nach vier Wochen sprach ich wieder vor.

»Ja, die Unterlagen seien komplett und zufriedenstellend gewesen, und mein Antrag sei praktisch beim Direktor zur Unterschrift. *No se preocupe*, das läuft alles bestens.«

»Prima«, dachte ich und tauchte nach zwei Wochen wieder auf, da ich noch keine Nachricht bekommen hatte.

»Ja, ja«, sagte mir der Mensch am Schalter, »*no se preocupe*, das muß jeden Tag herauskommen. Ich solle doch *mañana* wiederkommen.«

Vorsichtshalber ließ ich ein paar *mañanas* verstreichen, um nicht wieder umsonst dort zu erscheinen. Dieses Mal empfing mich der Sachbearbeiter mit dem famosen »*imaginese lo que pasó*«* und erklärte mir langatmig, daß mein Antrag immer noch auf dem Schreibtisch des Direktors läge, der leider hätte verreisen müssen. Ich solle mich ja nur nicht »preocupieren«, das würde bald genehmigt werden.

In meiner Verzweiflung, denn ich wollte doch endlich anfangen zu bauen, erzählte ich meine Probleme in der Firma und plötzlich fragte einer der Kollegen:

»Bei welcher BCH haben Sie denn Ihr Konto? Bei der in *Chapinero*?«

»Ja«, erwiderte ich erstaunt.

»Señor Guzman, der Direktor, ist ein guter Freund von mir. Ich werde einen Termin bei ihm machen, und dann gehen wir beide einmal zu ihm. Besorgen Sie schon einmal eine gute Flasche *Chivas Regal*. Den trinkt er besonders gern.«

»Na«, dachte ich bei mir, »jetzt kommt doch wohl nicht etwa das Thema »*amigo*«** zum Tragen?«

Doch, so war es. Wir wurden nach ein paar Tagen mit allen Ehren im Privatbüro des Herrn Guzman empfangen. Bei Kaffee, Keksen und Cognac wurde ein wenig geplaudert. Mein Freund stellte mächtig heraus, was für eine wichtige Person ich in der Firma wäre und was Herr Guzman für ein netter Mensch sei. Bei der Plauderei stellten wir sogar fest, daß Herr Guzman und ich gemeinsame Freunde hatten, obwohl ich zu diesem Zeitpunkt noch gar nicht so lange in Kolumbien war.

Zwar fragte mich Herr Guzman, wo ich mein Haus bauen

wollte und wie groß es werden sollte, aber ansonsten war der Kredit nur Nebensache.

Wir verabschiedeten uns nach circa einer Stunde als große *amigos* und er meinte nur noch: »*No se preocupe*, das erledige ich in den nächsten Tagen.« Ob Sie es glauben oder nicht, innerhalb einer Woche hatte ich die Genehmigung meines Kredits.

Ich habe übrigens Herrn Guzman des öfteren auf der Straße getroffen, und wir haben uns jedes Mal wie alte Freunde begrüßt.

Allerdings bin ich im Laufe der Jahre auf dieses »*no se preocupe*« allergisch geworden. Wenn das heute jemand zu mir sagt, fange ich an, mir große Sorgen zu machen. Dann weiß ich nämlich, daß ich etwas unternehmen muß!

Übrigens eine Flasche Whisky reichte 1969 noch aus. Heute locken Sie damit niemanden mehr »hinter dem Ofen« hervor.

---

\*    siehe »Eine andere Seite des Lebens«, Band 1, Seite 14
      (ISBN Nr. 3-8330-0912-1)
\*\*  siehe »Eine andere Seite des Lebens«, Band 1, Seite 28
      (ISBN Nr. 3-8330-0912-1)

Ein bemalter Kelch aus der Region *San Augustín*

# Präkolumbinische Kultur: *San Agustín*

Kolumbien bietet archäologisch interessierten Besuchern enorm viel. Eine dieser historischen Stätten ist die Region um *San Agustín*. Zwar weiß man wenig über die Menschen, die dort lebten, noch woher sie kamen. Aber sie haben uns große – teilweise überlebensgroße – Steinfiguren hinterlassen.

Weil man dort keine Hausfundamente noch wesentliche Nahrungsmittelreste gefunden hat, geht man davon aus, daß diese Zone hauptsächlich religiösen Charakter hatte. Die Steinfiguren konnten sowohl Gottheiten als auch Abbilder Verstorbener und vielleicht hochgestellter Persönlichkeiten darstellen – man weiß es bis heute nicht genau.

Mit Besuchern aus Deutschland haben wir diese Zone des öfteren besucht, und es war immer wieder eindrucksvoll, diesen Figuren gegenüber zu stehen.

Wir fuhren in zwei Etappen. Am ersten Tag bis *Neiva*, der Hauptstadt des Departements *Huila*, und am zweiten bis zu unserem Zielort. Auch wenn es von *Bogotá* nur knapp 200 Kilometer bis *Neiva* sind, dürfen Sie nicht vergessen, daß dabei 2.100 Höhenmeter überwunden werden müssen, die Strecke enorm kurvenreich, steil und viel befahren ist.

Die Ausfallstraße nach *Girardot* lag ganz im Süden von *Bogotá*, während wir im Norden wohnten, das heißt, wir mußten zuerst ganz *Bogotá* durchqueren. Mit der *avenida* 68 gab es aber schon zu jener Zeit eine vierspurige Straße, die das Zentrum umging und zum Industriegebiet im Süden führte. Sie mündete direkt auf die *autopista del sur*. Dieser folgten wir in westlicher Richtung durch die Ortschaft *Soacha* bis zum *Muña* See.

Die Kordillere, die sich an der Nord-Süd-Ausdehnung *Bogotás* entlangzieht, hatten wir verlassen. Die Landschaft war stark

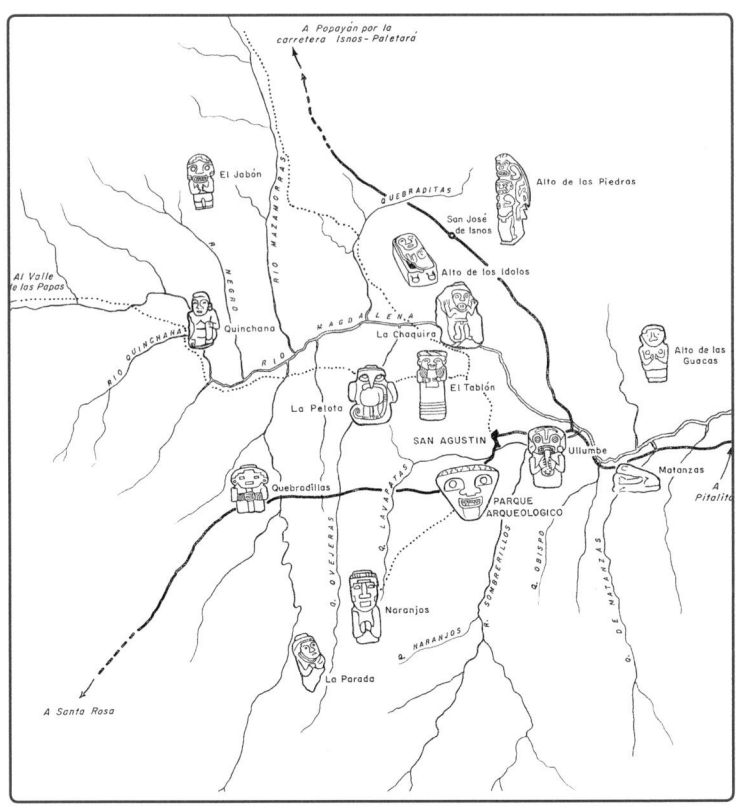

Diese archäologische Karte zeigt die Fundstätten der
verschiedenen aus Granit gehauenen *ídolos*

hügelig geworden, aber ohne jeglichen Bewuchs. Diese Hügel hatten sich die Ärmsten der Armen erobert und dort ihre
Hütten gebaut. Teilweise verfügten diese *barrios* – Siedlungen,
Vororte – noch nicht einmal über Wasser und Strom, da sie un-
rechtmäßig gebaut worden waren. Solche Besiedelungen – oder
auch Landnahmen – geschahen über Nacht und die Regierung
konnte, wenn einmal Fakten geschaffen worden waren, nichts
mehr dagegen unternehmen. Der soziale Aufschrei wäre zu groß
gewesen, denn man hätte massive Gewalt anwenden müssen.

Das Gewohnheitsrecht wird heute noch in Kolumbien großzügig angewandt. Als ein Besitzer eines *lotes* – also eines Grundstücks – müssen Sie höllisch aufpassen, daß sich nicht irgend jemand plötzlich eine Hütte darauf baut. Dazu reichen ein paar Bretter und etwas Karton! Wenn Sie es nicht sofort bemerken, kann er sich auf das Gewohnheitsrecht berufen und es kostet Sie viel Geld, diese Familie wieder loszuwerden.

Wenn nun diese Siedler die nächsten Präsidentschaftswahlen abwarteten, versprachen ihnen die Kandidaten mit schöner Regelmäßigkeit, diese *barrios clandestinos* – heimlichen Siedlungen – zu offiziellen zu erklären. Das berechtigte dann zum Zugang zu Wasser, Strom und Abwasser. Stadtplanung ist unter diesen Voraussetzungen fast unmöglich!

So gab es in den öden Gebieten rund um *Bogotá* herum eine Unmenge solcher Elendsvororte. Allein die Ansicht von weitem, wenn man die »*autopista del sur*« entlang fuhr, die übrigens in ihrer Qualität nicht mit der *del norte* zu vergleichen war, verschlug es unseren Besuchern jedes Mal die Sprache. Hineinzugehen wäre unmöglich gewesen.

Vom *Muña* See führte die Straße zunächst hinauf zu einer Paßhöhe, auf der eine *Virgen del Carmen* umgeben von kaputten Autoscheinwerfern stand.

Diese Jungfrau war die Schutzpatronin der LKW-Fahrer, und so brachte man ihr ausgediente Scheinwerfer als Gabe dar und bat um Schutz. Vielleicht hatten die Busfahrer deswegen so viel Vertrauen und

Die ist eine der typischen Figuren, wie sie dort zu Hunderten vorkommen

überholten an den unmöglichsten Stellen und Kurven? Nicht selten hatten sie auch über dem Innenspiegel den Spruch stehen: »*Diós es mi copiloto*«, Gott ist mein Kopilot.«

Nach dem Passieren des Verkehrskontrollpostens in circa 3.000 Metern Höhe ging es zügig abwärts und wurde schnell wärmer.

Um 1.500 Metern herum durchquerten wir den »Kaffeegürtel« – die *cafetales*. Links und rechts gab es jetzt ausgedehnte Kaffeeplantagen, die mit ihrem kräftigen Grün die Hügel bedeckten und aus der übrigen Vegetation herausstachen. Der *café arábica*, der den Halbschatten brauchte und meist unter Bananenstauden wuchs, wurde mehr und mehr von der neuen Sorte *caturra* verdrängt. Einmal, weil diese schneller wächst und auf Schatten verzichten kann und zum anderen niedriger bleibt und so besser zu pflücken ist.

Weiter unten, in *Silvania*, konnten wir als Reiseproviant frische Mandarinen und Bananen kaufen, die reif gepflückt worden waren und daher einen wesentlich intensiveren Geschmack hatten als Früchte, die wir von Deutschland her kannten.

In *Melgar* war dann die Tiefebene erreicht – 500 Meter über dem Meeresspiegel – und ab *Girardot* folgten wir dem *Río Magdalena* in südlicher Richtung, also flußaufwärts. Dieser größte der kolumbianischen Flüsse war früher bis hierher schiffbar, und auf alten Fotos kann man noch Schaufelraddampfer wie auf dem Mississippi sehen.

Von *Girardot* aus führte die fast gerade Straße an großen Baumwoll- und Reisfeldern vorbei. Hin und wieder sah man auch Rinder, obwohl hier der Ackerbau vorherrschte. Ansonsten war diese Straße recht eintönig. Was mir noch besonders in der Erinnerung geblieben ist, waren die vielen Werbeplakate, die *vino de palma*, also Palmenwein, anpriesen. Probiert habe ich ihn nie, es handelte sich um einen ausgepreßten, vergorenen Saft aus den Herzen einer Palmenart mit einem Alkoholgehalt unserem Bier vergleichbar.

Beim Dunkelwerden erreichten wir *Neiva*.

Am nächsten Morgen hieß es früh aus den Federn zu kommen, denn um nichts in der Welt wollten wir die letzten 34 Kilometer – von insgesamt 234 Kilometern – bei Dunkelheit zurücklegen. Ab *Neiva* stieg das Gelände wieder stetig an. In *Altamira* durften wir nicht nach *Florencia* abbiegen, sondern mußten der asphaltierten Straße bis *Pitalito* folgen. Dieses Städtchen erreichten wir normalerweise am frühen Nachmittag.

Eine eher untypische Figur, da sie nur in Relief gearbeitet worden ist

In Pitalito hatte die Familie *Vargas* eine Keramikherstellung ins Leben gerufen, die anschauenswert war. Ihre Kunstwerke waren im ganzen Land bekannt, besonders die offenen Überlandbusse mit Menschen und allem möglichen Getier darin und auf den Dächern. Die gab es in verschiedenen Größen. Hier bekam man wirklich die echten Stücke und keine grob gefertigten Nachahmungen.

Außerdem gab es kleine aus Keramik gefertigte Verkaufsstände mit Blumen, Obst oder anderen typischen Artikeln. Besonders kunstvoll waren die ganz kleinen *Catleya* Körbchen, die vom Dach eines der Verkaufskiosks hingen.

Damit Sie in etwa eine Größenvorstellung haben: Die Kioske sind 15 cm breit und 10 cm hoch. Wie klein müssen da die einzelnen Teile sein? Ich habe ein ganzes Sortiment mit nach Deutschland gebracht und meine Gäste bewundern die feine Arbeit, sowie auch ein Kanu mit Fischer, Netz und Fischen und eine

Arche Noah. Aber falls Sie etwas kaufen wollen – man kann diese Produkte auch schon in Deutschland finden –, achten Sie auf den Schriftzug »*Vargas-Muñoz*«. Nur die sind echt aus *Pitalito.*

Abends kamen wir planmäßig in *San Agustín* an und am nächsten Morgen besuchten wir als erstes den *bosque de los ídolos*, den Wald der Idole. Man hatte dort in einem kleinen Buschwald so an die 20 Steinfiguren aufgestellt, um dem Besucher ein wenig von der Ursprünglichkeit der Umgebung zu vermitteln, in der sie anfänglich standen. Dieser Rundgang dauerte nicht länger als eine halbe Stunde.

Anschließend begaben wir uns zum Park, dem *parque de los ídolos*, ein großes Gelände, auf dem man die Figuren wieder dort aufgestellt hatte, wo sie gefunden worden waren.

Meistens handelt es sich um Menschenabbildungen mit großen Köpfen und gedrungenen Leibern. Je nach den Verzierungen ihrer Kleidung ergibt sich ihre Rangordnung und je nach Haltung der Hände ihr Beruf. Es gibt aber auch Tiermotive, so etwa einen Adler mit einer Schlange im Schnabel. Alle haben eines gemeinsam: Sie sind aus dem Granit dieser Region gehauen und sollen 2000 Jahre alt sein. Die *San Agustín* Kultur wird nämlich auf die Zeit von 500 vor bis 500 nach Christus geschätzt.

Ein Rätsel ist das »Doppelte Ich«, das *doble yo*. Diese Figur zeigt zwei Köpfe, einer über dem anderen, und man nimmt an, daß so Körper und Seele eines Menschen dargestellt werden sollten. Einige steinerne Sarkophage deuten darauf hin, daß hier auch Bestattungen erfolgten.

Insgesamt wurden in dem Areal, das sich über mehrere Quadratkilometer erstreckt, über 300 Steinfiguren gefunden. Das wichtigste Monument dieser Zivilisation – künstlerisch und religiös gesehen – ist der *lavapatas*, an dem gleichnamigen Bächlein gelegen. Es ist dies eine rituelle Waschanlage, mit Kanälen und kleinen Becken, die mit vielen Tierreliefs verziert sind.

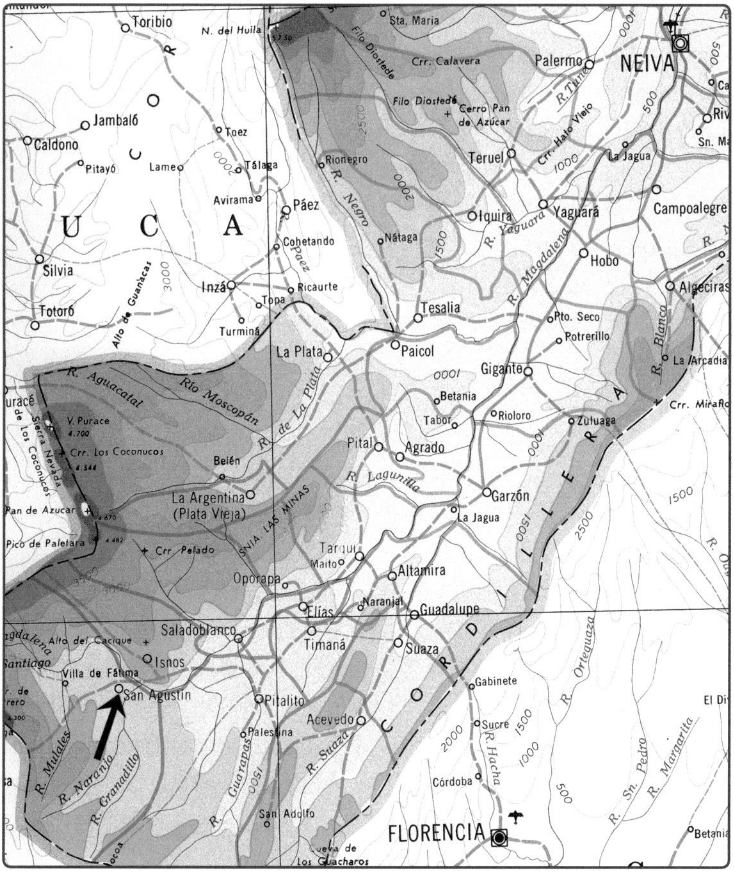

Diese Karte zeigt das Teilstück *Neiva-San Agustín.*
Dort wo der Pfeil ist, das ist unser Ziel

Das ist einer der herzigen
Busse, wie sie von der Familie
*Vargas Muñoz* hergestellt
werden

Nachmittags mieteten wir uns ein paar Gäule, die massenweise angeboten wurden, um zu einigen weiter entfernt liegenden Steinfiguren zu gelangen, die außerhalb des Parks lagen. Ich bin ja nicht so für Pferde und meine Reiterfahrung beschränkt sich auf solche Gelegenheiten wie diese. Aber mit diesen alten Zossen konnte wohl nichts schief gehen, oder?

Also zogen wir zu sechst los. Meine Jungs konnten reiten und versuchten aus ihren müden Pferden noch ein wenig herauszukitzeln, und sie schafften auch einen Galopp. Und was machte meines, als es sah, wie ihm seine Kollegen davonliefen? Es fiel auch in einen Galopp.

Nun ist Galopp, meine ich, auf ebener Strecke einfacher zu reiten als Trab. Nur plötzlich ging es bergab, und ich rutschte immer weiter auf den Hals des Pferdes. Dabei glitt ein Fuß aus dem Steigbügel, und ich verlor gänzlich den Halt. Mein jämmerliches Geschrei veranlaßte meine Kinder zu einer »Vollbremsung«. Während ich mir noch überlegte, wie ich am besten abspringen

sollte, nahmen sie ihre Pferde zusammen, klemmten meines ein und bremsten es so. Seitdem ist mein Respekt vor Pferden nicht geringer geworden.

*Eine Grabstelle mit zwei »Doppelten Ichs«*

Am nächsten Tag fuhren wir mit dem Jeep zum *alto de los ídolos*, eine 20 Kilometer entfernt und höher liegende Fundstätte. Hier gibt es auch steinerne Krokodile. Haben sie vielleicht die Gräber bewacht?

Ein Stückchen weiter aßen wir in einem kleinen Restaurant zu Mittag und hatten einen herrlichen Blick auf den *salto de bordones*, einen Wasserfall, der weiteres Wasser zum *Magdalena* bringt. Landschaftlich war diese Gegend sehr interessant, mit zerklüfteten Bergen, alle bewaldet. Nur ab und zu schauten aus diesem Grün einige schroffe Felskanten heraus.

Ins Hotel zurückgekehrt wurden wir von einem Händler angesprochen, der uns Grabbeigaben – *guacos* – verkaufen wollte.

Da es echte *guacos* seien, hätte er sie natürlich bei sich zu Hause. Die könne er so öffentlich nicht zeigen, meinte er. Ob wir ihn nicht besuchen wollten? Er würde uns auch einen fairen Preis machen.

Also so viele *guacos*, wie allgemein verkauft werden, können gar nicht gefunden werden. Ich hege da meine Zweifel – wahrscheinlich berechtigt – an der Echtheit vieler *guacos*.

Ein Adler, der eine Schlange im Schnabel hält

Das Krokodil, eines der ganz wenigen Tierfiguren

Mein Freund aber wollte sie gern sehen. Also fuhren wir mit ihm.

Dieser *guacero* besaß eine einfache Holzhütte am Rande einer Straße. Da das Gelände steil abfiel, stand der hintere Teil auf Pfählen. Sie war mit selbstgewebten Teppichen ausgelegt, was dem Ganzen einen anheimelnden Charakter verlieh. Stühle und

*El estrecho del magdalena.* Der große Magdalenenfluß, hier allerdings noch recht klein, muss sich durch dieses Nadelöhr zwängen

einen Tisch suchte ich vergeblich. Eine Seite war ein wenig erhöht und dort setzte man sich. Während der »Grabplünderer« seine Schätze heranholte und sie aus dem Zeitungspapier wickkelte, bot uns seine Frau einen Kaffee an.

Schöne Sachen hatte er, das mußte ich zugeben. Es gab Urnen in verschiedenen Formen, mit oder ohne Deckel, Okarinas, Wassergefäße und Schalen. Teilweise noch mit gut sichtbarer Bemalung. Für mich zu perfekt, um echt zu sein. Aber ich bin kein Kenner und mußte glauben, was man mir erzählte.

Da mein Freund ein Souvenir mitnehmen wollte – egal ob echt oder nicht –, fing ich bei einigen Stücken an zu handeln. Die Preise waren nicht so exorbitant, daß man es nicht wagen konnte, etwas mitzunehmen. Was spielte die Echtheit für eine Rolle, wenn man es nur als Souvenir haben wollte? Sogar ich erwärmte mich für ein schönes Stück, das heute bei mir in einer Glasvitrine steht. Vielleicht ist es ja doch echt?

Morgen wollten wir uns den *estrecho del magdalena* anschauen. Dafür brauchten wir keine Pferde, den konnten wir mit unserem Wagen erreichen.

Dort muß sich der Magdalenen Fluß durch ein paar große Felsen hindurchquetschen. Die Enge ist so schmal, daß man fast glaubt, sie überspringen zu können. Und die Wasser schießen mit einer höllischen Geschwindigkeit hindurch, um gleich danach wieder breit auseinanderzulaufen. Wie tief diese Stelle hier ist, wage ich nicht zu schätzen, aber bei einer Breite von nur circa acht Metern mußte die Tiefe beträchtlich sein.

Am nächsten Tag wollten wir versuchen, in einem Rutsch nach *Bogotá* zu kommen. Von *Melgar* aus nach *Bogotá* hinauf, das konnte man unter Umständen in der Dunkelheit bewältigen.

Vierzehn Stunden für 520 Kilometer mögen bezeichnend sein für die Straßen – nicht nur in Kolumbien – sondern ganz allgemein in den Andenstaaten.

Aber wir sind immer heil angekommen. Wir sind wohl nie schneller gefahren, als unser Schutzengel fliegen konnte.

Trinkgefäß aus der archäologischen Zone *San Augustín*

# Tropische Nächte am Meer

Ich finde sie heiß, klebrig und laut.
Heiß?

Weil die Sonneneinstrahlung des Tages in einem noch nachglüht, sei es nun mit oder ohne Sonnenbrand.

Klebrig?

Weil sich durch die hohe Luftfeuchtigkeit und den Salzgehalt der Meeresbrise alles feucht anfühlt. Duschen hilft da nur sehr vorübergehend.

Laut?

Weil die tropische Natur von sich aus laut ist. Da sind in erster Linie die Zikaden mit ihrem Gezirpe als Grundgeräusch, dazu manchmal ein Frosch von der nahegelegenen Lagune. Freuen Sie sich, wenn es kein Ochsenfrosch ist, denn sonst glauben Sie, Kühe stünden in der Nähe.

Aber das ist nicht das eigentlich Laute. Auch die Menschen verspüren diesen Impuls, laut zu sein. Ist es die Hitze? Oder der Wärmestreß? Oder soll ich es lieber Vegetationsstoß nennen? Musik klingt von überall her, es wird getanzt, gefeiert, gesungen und … na, vom Restlichen schweigen wir lieber und decken es mit dem Dunkel der Nacht zu.

Es ist ganz einfach laut. Alles ist laut. Und trotzdem haben das ständige Rauschen des Windes in den hohen Palmen und der gleichmäßige Schlag der Wellen an den Strand etwas Beruhigendes, Wohltuendes an sich.

Tagsüber herrscht flirrende Hitze. Man nimmt ein Bad im lauwarmen Wasser, das auch nicht die ersehnte Abkühlung bringt, und flüchtet dann in den Schatten. Aber kaum kommt der Abend mit seiner erfrischenden Brise, lebt man auf. Beim Kling-Kling-Kling des Türschlüssels in der Terrassentür – wenn er, von der wiedererwachten Brise bewegt, hin und her pendelt – weiß ich, daß jetzt die Zeit für einen Aperitif gekommen ist. Und wie kann man einen Sonnenuntergang schöner genießen, als mit einem kühlen, anregenden Getränk in der Hand?

Und welch schöneren Ausklang gibt es, als sich nach dem Abendessen auf der Terrasse einen Cuba-Libre oder Rum-Punsch zu genehmigen. Wie weit weg sind dann doch die täglichen Probleme.

Allerdings nur, wenn Sie ihr Handy ausgeschaltet haben, sonst nützen Ihnen Palmen, Strand und klebrige Seeluft gar nichts. Sie bleiben in Ihrem Alltag und dem nämlichen Streß.

Das ist das Eigentliche, was die Tropen ausmacht. Das stille Erdulden der Hitze und Feuchtigkeit am Tag und das Aufleben am Abend und bei Nacht. Das Laute ist eben doch ganz anders laut als in unserem Alltag. Es ist mehr das jugendliche, pulsierende Leben. Man wird ganz einfach mitgerissen und ist Teil dieses »Lärms«. Und allein deswegen lohnt es sich schon, die Hitze und die klebrig-salzige Luft tagsüber zu ertragen.

Ein bemaltes Gefäß aus der Zone *San Agustín*

# Unser letztes Paradies: El Retiro

Wenn ich erklären soll, was das Wort *El Retiro* bedeutet, bekomme ich immer Probleme. Langenscheids Wörterbuch sagt zu *retiro*: »Zurückgezogenheit, Einsamkeit, Rücktritt, Ruhesitz, Ruhestand, Abschied.«

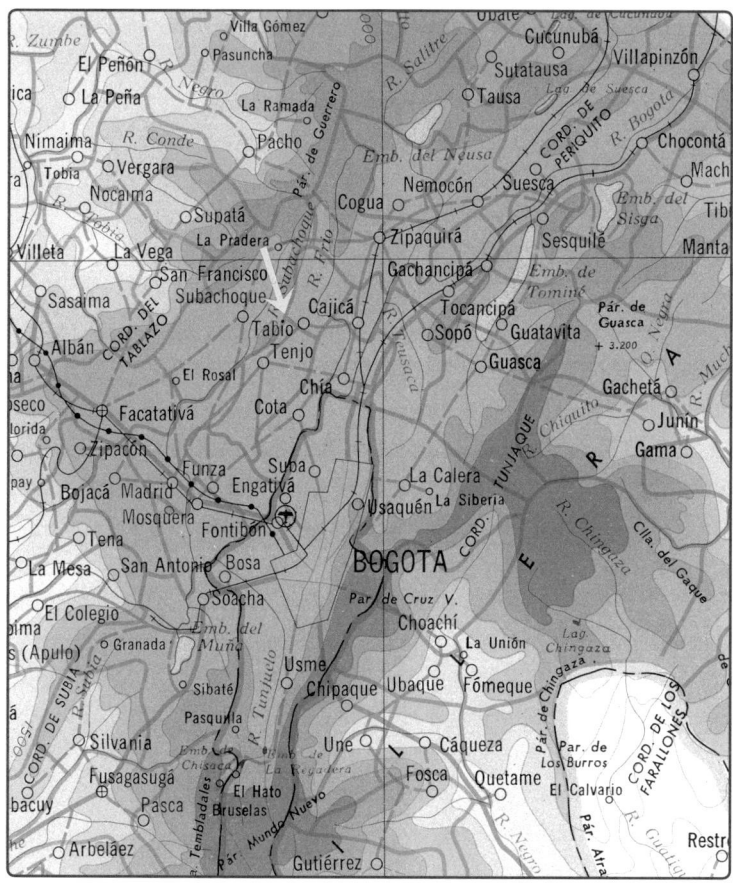

Karte des Hochlandes um *Bogotá*.
Der Pfeil deutet auf den Ort *Tabio*

Also, ich bin im *retiro*, im Ruhestand, meinem Haus habe ich den Namen *El Retiro* gegeben, also Ruhesitz, aber für unsere *finca*, die auch so heißt, treffen doch eher die beiden ersten Bedeutungen zu: Zurückgezogenheit und Einsamkeit. Sie liegt zurückgezogen ... und sie liegt auch einsam.

Das Hochland von *Bogotá* ist mit kleinen Höhenzügen durchwirkt, die nicht sehr zackige, sondern mehr abgerundete Kuppen tragen. Einer dieser Höhenzüge verläuft zwischen den Dörfern *Tabio* und *Subachoque*, trennt also die beiden Flüsse *Río Frío* und *Río Subachoque*. Die höchste Erhebung in diesem Kamm ist der *Juaica*, und ihm zu Füßen liegt unser letztes Paradies.

In den 50er Jahren ist hier im Zuge der Landreform eine große *finca* parzelliert worden. Man hat damit Kleinbauernstellen geschaffen. Wenn man dieses Land kennt, das bergig und zerklüftet von 2.700 bis 3.100 Meter über dem Meeresspiegel reicht, dann kann man nur zu dem Schluß kommen, daß hier am »Grünen Tisch« entschieden worden ist. Ohne Strom und Wasser und ohne vernünftige Zugangsstraße, wie sollten die *campesinos*, Landbewohner, dort ihren Lebensunterhalt verdienen?

Die Hänge waren meistens mit Busch bewachsen. Es gab aber auch noch einige Stellen mit Sekundärwald. Unter Busch verstehe ich die Vegetation, die nachwächst, wenn ehemals kultiviertes Land aufgegeben und der Natur überlassen wird. Im Laufe vieler Jahre kann sich dann aus diesem Busch ein Sekundärwald mit größeren Bäumen entwickeln.

Die *campesino*-Familien mußten versuchen, ihren Lebensunterhalt so gut es ging zu erwirtschaften. Da es für Vieh nicht genügend Grasland gab, versuchten sie es mit Kartoffeln und einigen Gemüsearten. Es war aber sehr, sehr mühsam. Zuerst mußte das Land gerodet werden, um dann auf den schrägen Flächen etwas anzubauen. Die ersten zwei Jahre brachten sogar gute Erträge, die aber schnell zurückgingen, da Geld für Dünger nicht vorhanden war. So lebten die *campesinos* mehr schlecht als recht in den Hügeln, und alle versuchten alsbald ihre Parzellen zu verkaufen. *Ciao* Landreform!

Die ursprüngliche *finca* war sehr groß, und die Parzellen wurden auch reichlich bemessen. Die Größenordnung jedes Stück Landes war so um die 30 *fanegadas*. Das ist ein altes spanisches Flächenmaß und eine *fanegada* hat 10.000 *varas*$^2$. Eine *vara* sind 80 Zentimeter, also sind eine *fanegada* 6.400 Quadratmeter oder 0,64 Hektar. Eine Parzelle maß demnach ungefähr 20 Hektar.

Groß? Finden Sie? Bedenken Sie dabei, daß das Terrain teilweise bis zu 100 % Steigung aufwies. Da ist mit Agrikultur nicht viel zu machen.

Das war die Lage am Anfang der 70er Jahre.

◇

Mein Freund Hernando und ich wollten gern eine *finca* haben. Und zwar schwebte uns etwas Langfristiges vor, das nicht sehr arbeitsintensiv war. Tagsüber verlangte ja unser Arbeitgeber sein Recht! Wir dachten an Aufforstung. So eine *finca* konnte später beim Fällen der Bäume gutes Geld einbringen und diente bis dahin zu Wochenendausflügen

Ein vergrößerter Ausschnitt läßt Sie besser die Ortschaften verfolgen, die ich erwähne

und zur Erholung. Dafür durfte sie nicht zu weit von *Bogotá* weg liegen.

So durchstreiften wir die Region um die Hauptstadt, wann immer wir Zeit hatten. Es gab viel Land zu kaufen. Aber alle Angebote hatten irgendeinen Haken. Entweder regnete es in dieser Zone zu wenig, oder der Boden war zu felsig, oder aber das Land war Gegenstand von Erbauseinandersetzungen. Diese Prozesse ziehen sich in Kolumbien endlos hin, darum mußte man um sie einen großen Bogen machen.

Schließlich kamen wir nach *Tabio*. Der Bürgermeister* berichtete uns, daß dort oben am *Juaica* mehrere *campesinos* ihre Parzelle verkaufen wollten. Und für Bäume sei dieses Land ideal.

Gut, wir könnten es uns ja einmal ansehen, und er beschrieb uns den Weg dorthin.

Gleich hinter *Tabio*, bog der Feldweg zum *Juaica* von der Asphaltstraße nach *Tenjo* ab. Wir folgten ihm. Anfangs ging es nur leicht bergan, aber es wurde immer steiler. Bei der Hälfte der insgesamt vier Kilometer mußten wir den Vierradantrieb und die Untersetzung einschalten. Jetzt ging es steil aufwärts, und wir fuhren nur noch im Schrittempo. Wir mußten ja zu der letzten *finca* am Weg. Dort oben sollte es dann nicht weitergehen. Sie war also nicht zu verfehlen.

Aber langsam bekamen wir es mit der Angst zu tun, denn der Weg wurde schmaler und schmaler und dazu immer steiler. Und es gab keine Wendemöglichkeit. Wir konnten gar nicht anders, als immer weiter zu fahren.

Und plötzlich standen wir vor einem Gatter. Das mußte die *finca El Retiro* sein. Es stand zwar nirgendwo dran, und eine Hütte oder Menschen suchten wir auch vergebens. Hier war aber das Ende des Weges, und das mußte sie nach der Beschreibung des Bürgermeisters ganz einfach sein.

Um uns herum schien tiefste Einsamkeit zu herrschen. Vielleicht daher der Name? Aber auch die hat Augen und Ohren. Während *Hernando* und ich noch beratschlagten, ob wir wohl einfach das Gatter aufmachen und den fremden Grund betreten könnten, erschien mit verschmitztem Grinsen ein altes Männchen.

Nach dem obligaten: »*Buenos días, como le va*«, guten Tag, wie geht's«, sagten wir unser Sprüchlein vom Bürgermeister und dem zum Verkauf stehendem Land auf.

»Ja, das ist richtig. Der Besitzer ist schon vor längerer Zeit von hier fortgezogen, und das Land steht zum Verkauf«, sagte unser Männchen und fuhr fort: »Ich bin *Serafím Delgado* und besitze das Land gleich hier im Anschluß. Ich bin also der Nachbar.«

»Sehr erfreut«, stellten wir uns dann vor. Aber ich glaube, er hat meinen Namen nie richtig mitbekommen, denn für ihn war ich immer nur »*el doctór*«**.

Unser Nachbar:
*Serafim Delgado*

Wir könnten die *finca* ruhig besichtigen und wenn wir wollten, würde er uns begleiten und sie uns zeigen. »Ich kenne mich hier gut aus«, meinte *Serafím*. Es war so üblich, daß man sich im allgemeinen mit dem Vornamen anredete, aber mit »Sie« natürlich.

»Gut, *Serafím*, wann könnten wir gehen?«, fragten wir.

»Sofort«, war seine Antwort. »Ich habe im Moment nichts Wichtiges zu tun.«

Das Gatter war leicht aufgehakt. Was sollte man auch Geld in ein Schloß investieren? Man würde dann doch einfach daneben über den Zaun klettern.

Der Feldweg setzte sich noch bis zu einem kleinen Plateau fort. Hier war endgültig Schluß mit dem Weg. Vielleicht sollte hier einmal ein Haus stehen? Aber dazu war es wohl nicht mehr gekommen.

Wir befanden uns hier auf 2.800 Metern, also schon 200 m höher als *Bogotá*, und schauten nach links und rechts steile Hänge hinauf. Vorn gerade hinauf und etwas schräg nach links ging es in ein Tal hinein, das etwas flacher aussah.

Ob wir da hinauf könnten, fragten wir.

»Genau, dort schräg links in das Tal, das ist der Weg nach oben«, bestätigte uns *Serafím*.

Oberhalb des kleinen Plateaus, auf dem wir standen, gab es ungefähr einen Hektar Grasland, bevor der Busch wieder begann. Wir überquerten dieses und mußten dabei immer wieder *Serafím* bitten, nicht so schnell zu gehen, denn uns ging die Puste aus. Ihm hingegen, der hier oben lebte, machte die Höhe anscheinend nichts aus.

Ich habe später gelernt, von 2.800 auf 3.100 Meter zu gehen ohne stehenzubleiben. Langsam anfangen, von Beginn an ruhig und tief atmen und immer nur einen Fuß vor den anderen zu setzen, also ganz kleine Schritte zu machen, das war das Geheimnis.

Je höher wir kamen, desto steiler wurde der Weg. Ich hatte meinen Lederhut schon längst abgenommen. Der Schweiß lief mir in Strömen vom Gesicht herunter, und nicht nur vom Gesicht. Wenn die Sonne auf dem *altiplano* scheint, erreicht die Temperatur tagsüber leicht 25 Grad. Und wegen der vermehrten UV-Bestrahlung in der Höhe, ist ein Hut ein Muß.

Während Hernando und ich uns ganz auf das Luftholen konzentrierten, erzählte *Serafím* von dem Besitzer, der *finca* und der Region. Urplötzlich ließ die Steigung nach, und wir waren auf einer fast ebenen Stelle angekommen.

»Wir sind jetzt auf 3.000 Metern«, stellte unser Begleiter fest.

Wir erhoben unsere Köpfe, die bisher nur am Weg geklebt hatten, und wurden jetzt mit einem herrlichen Weitblick belohnt. Zu unseren Füßen lag das Dorf *Tabio*. Auch die Hauptstraße von *Chía* nach *Cajicá*, auf der wir gekommen waren, entdeckten wir. Und rechts neben uns befand sich der Berg *Juaica*, immer noch um einiges höher als wir.

»Also, hier ist die Südgrenze«, unterbrach *Serafím* unsere Gedanken. »Von hier folgt sie bis ganz nach oben immer diesem *camino de herradura*, diesem Reitweg. Es ist leichter, wenn wir jetzt über den Zaun steigen und den Reitweg entlanggehen. Ganz oben klettern wir dann wieder zurück auf die *finca*.«

So machten wir es. Der Weg war vom Regen ausgewaschen und teilweise lag der nackte Fels blank. Wir mußten aufpassen, darauf nicht auszurutschen mit unseren Stadtschuhen. Der lose Sand wirkte wie kleine Kugellager zwischen dem glatten Felsen und unseren Ledersohlen.

Irgendwann war auch einmal die höchste Stelle bei 3.100 Metern erreicht. Jetzt hatten wir einen Rundumblick. Die Sicht war noch beeindrukkender, da wir jetzt nicht nur nach Osten, sondern auch zur anderen Seite in das Tal von *Subachoque* hineinschauen konnten. Wir befanden uns nämlich auf der Wasserscheide dieses Höhenzuges, der die

Dieser herrliche Ausblick bot sich uns von der Höhe auf 3.000 Metern

Täler von *Tabio* und *Subachoque* voneinander trennte. Ein wunderschöner Ausblick, der uns begeisterte.

Aber wir mußten weiter. Auch durften wir unsere Begeisterung über die Aussicht nicht zu sehr zeigen. Das konnte leicht den Preis in die Höhe treiben.

Um an die Nordwestgrenze zu gelangen, mußten wir noch einmal steil nach oben klettern. Das war ein arges Gekraxel. Halb zog ich mich an den Büschen nach oben, halb robbte ich auf den Knien, wenn der Busch sehr niedrig war.

*Serafím* lachte nur, wenn er unsere artistischen Kletterübungen sah. Er selbst war klein und schlank, fast hager, mit mehr Falten im Gesicht, als der Höhenzug Berge und Täler hatte. Obgleich er wahrscheinlich um einiges älter war als wir, war er uns Stadtmenschen auf diesem Gelände hoch überlegen.

Aber wir ließen uns nicht unterkriegen, und irgendwann standen auch wir oben auf der Ecke der Nordwestgrenze. Wir konnten jetzt den Höhenweg zurückblicken, auf dem wir gekommen waren. Auch den Reitweg erblickten wir. Und dahinter lag majestätisch der *Juaica*.

Wir dehnten die Pause aus, um ein wenig zu Kräften zu kommen. Dies war übrigens der ideale Punkt, von dem aus wir die *finca* komplett überschauen konnten. Wir hatten zwar Mühe die Punkte im Gelände auszumachen, die *Serafím* uns als die jeweiligen Grenzpunkte nannte, aber auch so erhielten wir einen guten Überblick. »Sehr bergig«, stellte ich laut fest. »Sicher kann man mit dem Land nicht viel anfangen.«

»Doch, man kann da unten auf den 2 *fa* (*fanegadas*) gerodetem Land oberhalb des kleinen Plateaus Kartoffeln anbauen«, glaubte *Serafím* die *finca* verteidigen zu müssen. Wir hatten ihm ja noch nicht auf die Nase gebunden, was wir mit dem Land machen wollten.

Zur Nordostecke brauchten wir nur auf dem Grat entlangzugehen, der die *finca El Retiro* von dem Nachbarn im Norden trennte.

Bei einem imaginären Punkt oberhalb des Gatters, wo wir hineingekommen waren, meinte *Serafín*: »Hier bei dieser Felsnase muß das Ende dieser *finca* sein und mein Land beginnen.«

»Gut, wir haben alles gesehen. Wie kommen wir jetzt wieder hinunter?«

»Einfach hier hinunterrutschen«, meinte *Serafín* und machte sich auf den Weg. Leichter gesagt als getan. Gottlob war es hier nicht felsig, und in der losen Erde konnte man rutschen, wenn man sich immer wieder an den Ästen der Büsche festhielt. Aber ganz ohne kleine Schrammen, die teilweise auch bluteten, ging es nicht ab.

Als wir glücklich unten angekommen waren, wollten wir noch wissen, wo Herr *Delgado* denn sein Wasser herbekäme.

»Auf der Hälfte des Weges, den Sie heraufgekommen sind, gibt es ein kleines Bächlein, von dem hole ich mir Wasser mit meinem Esel. Aber diese *finca* hat oberhalb des Plateaus einen Wassertank, der immer voll ist«, fügte er hinzu.

»Ob Sie uns den wohl zeigen können?«, baten wir ihn.

»Ja, natürlich. Kommen Sie mit.« Und schon stapfte *Serafín* los. Wir überquerten wieder das Stückchen Grasland. Diesmal gingen wir geradeaus nach oben und nicht nach links in das Tal wie vorher. Nicht weit lag ein aus Ziegeln gemauerter Tank von circa einem Kubikmeter Größe vor uns. Und war tatsächlich voll Wasser.

»Wo kommt das Wasser her?«, wollten wir wissen.

»Das fließt aus einem Stollen hier in dem Gebüsch«, antwortete *Serafín*.

Wir gingen auf das bezeichnete Gebüsch zu und sahen ein dunkles Loch in der steilen Wand. Es war ein halbhoher Gang, der in das Erdreich getrieben und mit Holzstempeln abgestützt war. Und tatsächlich sickerte aus diesem Loch etwas Wasser. Das fand ich interessant.

Links unser Baumeister *maestro Julio* und rechts *Agapito Obando,* der später so etwas wie unser Verwalter wurde

Hernando kannte sich mit diesen Dingen aus. Er erklärte mir, daß es in felsigen Gegenden üblich wäre, einen Stollen mit einer einprozentigen Steigung in die Erde zu treiben, bis man an die Felsschicht käme. Voraussetzung war natürlich, daß die Felsschichten schräg verlaufen, was in diesem Gebiet der Fall zu sein schien. Das Regenwasser, das durch das Erdreich sickerte, lief am Fels entlang. Man brauchte es daher nur noch abzuleiten und aufzufangen.

Es war beruhigend zu wissen, daß es dort Wasser gab, obgleich man der Versicherung, daß dieser Wasserfluß das ganze Jahr über anhielt, skeptisch gegenüber sein mußte.

Wir verabschiedeten uns von Herrn *Delgado*, nicht ohne unsere Adressen hinterlassen zu haben, damit er dem Nachbarn mitteilen konnte, sich mit uns in Verbindung zu setzen.

Wo wir denn den Wagen wenden könnten, wollten wir als letztes wissen.

»Zu meiner *finca* führt eine kleine Abzweigung. Wenn Sie die hinunterfahren, können Sie unten wenden und wieder zurück auf den Feldweg fahren«, entgegnete *Serafím*. »Ich werde Ihnen mein Gatter aufmachen.«

Und schon lief er voraus, und wir setzten langsam zurück. Tatsächlich, diese unscheinbare Abzweigung zu seinem Grundstück hatten wir bei der Herfahrt übersehen.

Beim Hinunterfahren kam mir der Weg viel steiler vor als

vorher beim Herauffahren. »Also, wenn es hier regnet, dann ist auf diesem letzten Kilometer kein Hochkommen mehr«, stellte Hernando fest. Dem konnte ich nur beipflichten.

»Aber ansonsten, Hernando, wäre diese *finca* doch fast ideal für unsere Zwecke. Auf dem Plateau könnten wir eine Hütte bauen, und das Wasser von weiter oben per Siphon zum Haus leiten«, sagte ich zu meinem Freund.

»Ja, wir müssen jetzt warten, bis der Besitzer mit uns Kontakt aufnimmt, und dann sehen, was er dafür verlangt. Aber im Prinzip bin ich einverstanden, daß diese *finca* genau unseren Vorstellungen entspricht«, war Hernandos Erwiderung. In Gedanken hatten wir wohl schon gekauft.

Und so geschah es auch. Der Preis war keine Hürde für uns. Der Weg wurde durch die rosarote Brille gesehen, indem wir uns sagten, daß sich in den nächsten Jahren hier oben auch andere wohlhabende Leute ansiedeln würden und wir dann gemeinsam den Weg ausbauen könnten.

Jetzt hieß es an die Arbeit zu gehen.

Zu allererst mußte ein Unterschlupf her. *Serafím* empfahl uns seinen Baumeister aus dem Nachbardorf. Er sei mit ihm sehr zufrieden gewesen und er sei nicht teuer. Genau das brauchten wir.

Hernando – als Kolumbianer und

Unser Haus entsteht

Architekt – kannte sich gut mit der herkömmlichen, ländlichen Bauweise aus. Ich als *gringo* hielt mich da ganz vornehm zurück. Hier konnte ich nur lernen. Wir wollten einen Wohnraum, einen Schlafraum, eine Küche und einen Geräteraum bauen. Das ergab einen recht einfachen Grundriß: ein Rechteck. Das Dach sollte eine 45°-Schrägung haben und einen Meter über der Decke anfangen. So könnten wir den Raum oben später auch noch nutzen.

Mit *maestro Julio*, dem Baumeister, wurden wir uns schnell handelseinig. Bei einem Grundriß von sechs Metern Länge bei fünf Metern Breite, war es auch kein großes Projekt. Wir benutzten Eukalyptusstämme, die wir *Serafím* abkauften. Die wurden mit Zement ins Erdreich eingelassen, vorher aber mit reichlich Asphalt bestrichen. Die Bambusmatten, die innen und außen an diese Pfähle genagelt wurden, mußten wir »importieren«. Jetzt merkten wir, was dieser schlechte Weg bedeutete. Der Lastwagen brachte die Bambusmatten nur bis zur Hälfte des Weges hinauf, und von dort half uns *Serafím* mit seinem Esel und einigen Helfern. Die Menschen in dieser Gegend waren froh, daß sich hier oben etwas tat und halfen gern, zumal ihre Dienste bezahlt wurden. Sie erhofften sich wohl auch einen Aufschwung durch unsere Anwesenheit.

Den Zwischenraum, der durch die Eukalyptusstämme zwischen der inneren und äußeren Bambusmatte entstand, verfüllten wir mit Grassoden. Die Wände erhielten dann einen Verputz. Die Decke und die Dachkonstruktion bestanden ebenso wie die Wandpfeiler aus Eukalyptusstämmen. Der Dachboden wurde mit einfachen Brettern ausgelegt. Von unten wurde die Decke mit Bambusmatten und Verputz versehen. Zum Decken des Daches verwandten wir das harte Riedgras, das dort oben wuchs. Das fraßen die Tiere ohnehin nicht, es war nicht nur preisgünstig, sondern gab unserer Hütte ein ganz anheimelndes Aussehen.

Etwas abseits bauten wir ein kleines Toilettenhäuschen mit WC, Dusche und einem Waschbecken. Wir vertrauten ja auf unsere Wasserquelle. Zur Abwasserbeseitigung installierten wir ein septisches Tanksystem, das man fix und fertig bei der Landwirtschaftskammer – *Caja Agraria* – kaufen konnte, einschließlich der Versickerungsrohre für das geklärte Abwasser.

Die Bambusmatten sind angebracht worden. Auf diesem Foto kann man sehr gut die Steilheit des Geländes abschätzen

Ebenfalls kauften wir unseren Küchenherd bei der *Caja Agraria*, das heißt, wir kauften die Einzelteile. Den Herd mußte uns *maestro Julio* bauen. Wir erstanden die eiserne Herdplatte mit vier Kochstellen und Einlegeringen wie bei unseren Kriegsmodellen. Außerdem erstanden wir die Backröhre, den Wärmeaustauscher, die Roste und den Heißwasserspeicher, eben all die *Hardware*, um es in zeitgenössisch auszudrücken. Aus normalen Ziegeln – mit Schamottsteinen verkleidet – zauberte unser *maestro* dann einen Herd, wie er in der Nachkriegszeit in unserer Baracke gestanden hatte. Als Schornstein verwendeten wir Eternitrohre, die wir gerade nach oben durch das Dach führten.

Ansonsten besaß die Küche nur noch einen aus Beton gefertigten Spülstein und eine an Ort und Stelle gegossene

Betonplatte als Arbeitsfläche. Mehr als zwei Personen konnten sich hier zwar nicht aufhalten, aber wir fanden es großartig.

Wir fanden übrigens unser ganzes Haus toll. Die Wände wurden mit Kalk weiß getüncht und die sichtbaren Eukalyptusbalken der Dachstruktur mit verdünntem Asphalt schwarz gestrichen. So sah es wirklich schön aus. Paradiesisch.

Als nächstes brauchten wir Wasser. Der kleine Tank reichte vor allem als Reserve für die Trockenzeit nicht aus. Also ließen wir unsere Helfer dort oben ein größeres, rundes Loch ausheben. Aus Stabilitätsgründen und der Einfachheit halber wurde es konisch angelegt, also sich nach unten verjüngend. Die Wand und der Boden wurden mit Natursteinen belegt, auf die in zwei Zentimetern Abstand ein leichtes Bewehrungsgitter kam. Auf das Ganze wurde dann ein vier bis fünf Zentimeter dicker Beton- und Estrichbelag aufgebracht. Und schon war der 12-Kubikmeter-Tank fertig. Jetzt brauchten wir nur noch das Wasser vom kleinen Tank überlaufen zu lassen, und schon hatten wir eine brauchbare Reserve. Den kleinen Wassertank benutzten wir dann als Absetzbecken.

In der Zwischenzeit hatten wir schon bemerkt, daß der Stollen im hinteren Teil eingebrochen und die Eukalyptusstempel komplett verrottet waren. Unser Hauptarbeiter auf der *finca* war inzwischen *Agapito Obando* geworden, da *Serafín* doch zu alt für körperliche Arbeiten war. *Agapito* hatte seine Parzelle circa 800 Meter unterhalb von *El Retiro* und war froh, sich ein wenig Geld dazuverdienen zu können. Für uns war es wichtig, jemanden zu haben, der vor Ort wohnte, zumal *Agapito* auch einen Esel hatte, den er bei uns einsetzten konnte.

Also wurde *Agapito* beauftragt, die notwendigen Eukalyptusstämme in der Nachbarschaft zu kaufen, um die Verstrebungen in dem Stollen zu ersetzen. Den Preis, den er uns für das Holz nannte, war nicht erheblich. Da wir aber keine Vergleichsmöglichkeiten hatten, konnte es schon sein, daß sich unser »Freund« auch dort noch einen Zusatzverdienst verschaffte. Es ist in Kolumbien durchaus an der Tagesordnung, daß sich jeder bei jedem Geschäft zuerst einmal fragt: »Wo ist meine Scheibe vom Kuchen?«

Ganz ungefährlich war die Arbeit im Stollen sicherlich nicht. Wir vertrauten aber auf die Erfahrung der *campesinos* im Umgang mit diesen Dingen. Und es ist Gott sei Dank nie etwas passiert. Es stellte sich dann heraus, daß dieser Stollen zwölf Meter tief war. Erst dann kam der Fels. Und unser Geologe hatte

Fertig sah das Haus ganz manierlich aus. Man erkennt gut das Toilettenhäuschen. Die Terrasse ist allerdings noch nicht gepflastert.

recht, daß sich die Gesteinsplatten nach vorne absenkten, also das Wasser in den Stollen hineinlief.

Wir hatten nämlich einen befreundeten Geologen zu einem Picknick auf die *finca* eingeladen, um seinen Ratschlag bezüglich der richtigen Lokalisation eines Stollens einzuholen. Es hätte ja durchaus sein können, daß es bessere Plätze für eine Wasserquelle gegeben hätte.

Nein, er bestätigte die jetzige Lage des Stollens und erklärte uns auch, wie hier oben die Felsschichten verliefen. Und das bestätigte sich jetzt.

Die Sohle des Tunnels kleideten wir mit Zement aus, damit uns das Wasser, das vom Felsen tropfte, auf seinem Weg zum Tank nicht gleich wieder versickerte.

Jetzt hatten wir Wasser und konnten unsere Küche und Toilette anschließen. Den schwarzen PVC Schlauch gruben wir leicht ins Erdreich ein, damit er durch die UV Strahlen nicht geschädigt werden konnte. Per Siphon brachten wir das Wasser zum Haus. Der Höhenunterschied betrug immerhin 50 Meter.

Allerdings hieß die erste Arbeit für die Männer bei jeder Ankunft auf unserer *finca* immer: Anschließen des Wassers. Mit einem Eimer füllten wir oben am Tank den Schlauch. War er voll, legte man ihn in den Tank und rief denen in der Küche zu, den Hahn aufzudrehen. Meistens klappte es auf Anhieb.

Inzwischen mußten die Frauen Feuer machen, im Untergeschoß des Hauses diente nur der Herd als Wärmequelle. Auf 2.800 Metern Höhe kann es empfindlich kalt werden, mit Bodenfrösten sogar.

Nun ging es um die Aufforstung!

Für den Kauf der *finca* hatten wir einen Kredit bei der *Caja Agraria* aufgenommen. Nicht so sehr weil wir das Geld benötigten, sondern um die Assistenz zu erhalten, die von dieser Institution angeboten wurde und – was zumindest ebenso wichtig war – um später beweisen zu können, daß wir mit wirtschaftlichem Hintergrund aufgeforstet hatten, um dann auch die notwendige Lizenz zum Abholzen zu erhalten. Die Genehmigung eines Kredites der Landwirtschaftsbank war nämlich an eine Wirtschaftlichkeitsstudie gebunden, und die Aufforstung wurde von ihren Agronomen begleitet.

Der mittlere Wassertank von ca. 12 m³

So hatten wir zumindestens die Grundzüge einer Baumschule mitbekommen. Viel wußten die jungen Agronomen ja selbst nicht, jedenfalls nicht in der Praxis. Hernando und ich gingen dann zu einer Baumschule, erklärten ihnen, daß wir in einem Gebiet aufforsten wollten, in das wir kleine Bäumchen in Tüten nicht transportieren konnten.

Bereitwillig zeigten sie uns einen halben Tag lang, wie man Kiefernsamen auf feinem Sand ausbringen muß, während man die gesiebte Erde für die Eukalyptussamen zuvor sterilisieren muß. Die Erde in den Tüten, in die die Pflänzlinge später gesetzt werden sollten, mußte eine bestimmte Zusammensetzung haben. Dabei mußten die Wurzeln gerade in das Pflanzloch hinein, denn sollte ein Teil umknicken, wuchs das Bäumchen nicht an. Das passierte ebenfalls, wenn die Wurzeln in der Tüte nicht richtig angedrückt würden und Luft am Ende des Loches blieb. Wir erreichten sogar, daß *Agapito* dort eine Woche mitarbeiten durfte und so direkt von ihnen lernen konnte.

Also, als erstes wurden die Samenbeete angelegt. Zwei-mal-ein-Meter-Stücke Erde wurden mit dünnen Stämmchen eingerahmt, denn Bretter hätte man ja erst einmal nach hier oben transportieren müssen. Wir nahmen daher dünne Eukalyptusstämme. Sie sehen schon, wie vielseitig dieser Baum einzusetzen ist.

Wir wollten mit dem Pflanzen des Eukalyptus anfangen. In dieses Beet siebten wir Erde, besprühten sie mit einer Formaldehydlösung und deckten das Ganze mit Plastikfolie ab. Vier Tage sollte es so bleiben, dann konnte *Agapito* die Folie herunternehmen, damit das Formaldehyd verdunsten konnte. Wir wollten dann am Sonnabend kommen und beim Säen dabei sein.

Den Samen zu beschaffen war ein anderes Problem. Für uns war es doch klar, daß wir den bei der *Caja Agraria* bekommen würden. Pustekuchen! Für all seine Aufforstungsprogramme bekäme ganz Kolumbien nur ein paar Kilogramm pro Jahr, und davon könnte die *Caja Agraria* nichts an Private abgeben.

Ich verstehe heute noch nicht, wieso die Kammer Wirtschaftlichkeitsstudien gemacht hat und der Kredit genehmigt wurde, wenn es doch keine Saat gab? Die ganze Studie entpuppte sich im Nachhinein sowieso als eine Farce. Nach sieben Jahren hätten wir die Bäume schlagen und die ersten Erträge haben sollen. Das konnten wir aber erst nach genau 25 Jahren.

Nun ist es ja mit dem Eukalyptus so, daß nach dem Abholzen die Wurzel wieder ausschlägt. Man wartet, bis diese Triebe Mannshöhe erreicht haben und entscheidet dann, wie viele und welche stehen bleiben dürfen. Bei einer großen, starken Wurzel läßt man im allgemeinen drei Triebe stehen. Bei einer mittelstarken sind es zwei und bei einer kleinen Wurzel nur ein Trieb. Der Wald, der jetzt kommt, wächst dann aber gleichmäßig in die Höhe und bringt nun erst den wirklichen Ertrag. So kann man zwei- bis dreimal verfahren, danach ist die Wurzel überaltert, und es sollte neu angepflanzt werden.

Der erste Schlag, den wir nach 25 Jahren durchführen konnten, war noch sehr unregelmäßig. Neben wenigen sehr dicken

Stämmen, die normalerweise für Strommasten benutzt wurden, gab es viele mittlere und kleine. Die mittleren werden in der Bauindustrie eingesetzt und die kleineren für alles Mögliche. Letztere bringen aber kaum Geld. Bisher sind wir also zur eigentlichen Ernte noch gar nicht gekommen.

Wir waren jedoch auf diese Erträge nicht angewiesen. Den Kredit konnten wir auch so zurückzahlen. Er diente ja ohnehin nur als Alibi für später. Aber ein *campesino*, der davon leben müßte, würde Pleite gehen, wenn er sich auf solche Studien verlassen würde.

Woher also Samen nehmen? Hernando wäre kein echter Kolumbianer gewesen, wenn er sich von solch einer Nachricht hätte abschrecken lassen. Er stammte aus einer alteingesessenen Bogotaner Familie. Sein Schwiegervater war General gewesen, und ein Schwager ist der berühmte Maler und Bildhauer *Botero*. Also ging es für ihn nur darum den Freund* aufzutun, der ihm zu Samen verhelfen konnte.

Die ersten Arbeiten machten wir noch selber. Hier bei der Vorbereitung eines Samenbeetes.

Es dauerte gar nicht lange und Hernando überraschte mich mit 300 Gramm *eukalyptus-glóbulus*-Samen. Unsere Baumschule war fürs erste gerettet.

Ans Säen im allgemeinen erinnerte ich mich noch aus der schlechten Zeit nach dem Krieg. Wie viele, hatten auch wir unseren Kleingarten und bauten alles Erdenkliche dort an. Statt den

Samen wild auszusäen, streuten wir ihn in kleine Furchen, die wir dann mit etwas feiner Erde abdeckten. Nach dem Wässern wurde ein kleines Plastikdach über das Ganze gebaut. Eine recht primitive aber wirkungsvolle Sache. Zwei Astgabeln an jeder Stirnseite trugen einen dünnen Eukalyptusstamm, circa 50 cm über dem Boden, und die darüber gelegte Plastikfolie wurde dann hinter der Umrandung des Beetes mit Steinen beschwert. Fertig war das kleine Treibhaus.

Jetzt kam es nur auf *Agapito* an, das Beet täglich zu wässern und nachzuschauen, ob die Folie nicht vom Wind gelüftet worden war.

Aber *Agapito* mußte ja ohnehin in dieser Phase fast täglich auf unsere *finca*, denn jetzt hieß es, die Tüten mit Erde zu füllen, in die später die kleinen Bäumchen umgepflanzt werden sollten. Die Tüten selbst bezogen wir wieder von der *Caja Agraria*. Kleine, schwarze Tüten mit Löchern, die immer in Tausenderpäckchen kamen. Für das Füllen der ersten Tüten mobilisierten Hernando und ich unsere Familien. Aber wir sahen bald ein, daß wir so nicht weiterkamen. Zwar hatten wir unseren Spaß an der Arbeit, aber so würden wir die Menge, die wir brauchten, nie schaffen. Auch *Agapito* allein würde es nicht bringen. Er schlug daher vor, die Kinder aus der Nachbarschaft nach der Schule damit zu beschäftigen. Und zwar auf Basis eines Stückpreises. Das war die Lösung. Es war keine körperlich schwere Arbeit, die Kinder hatten Spaß daran und verdienten sich und ihren Familien ein paar *Pesos*.

Nach 14 Tagen sahen wir dann die ersten kleinen grünen Spitzen aus der Erde des Samenbeetes herausschauen. Der Samen war aufgegangen.

Wir verfolgten das Wachstum mit Spannung. Wie groß müßten die Pflänzchen wohl sein, damit wir sie in die Tüten verpflanzen konnten? Bei der Baumschule holten wir uns Rat. Ab vier Zentimetern Höhe könnten wir sie umsetzen, hieß es.

Später, und mit mehr Erfahrung, haben wir sie höher wachsen lassen, eher sechs bis sieben Zentimeter.

Die Pflanzstöcke hatten wir ähnlich gemacht, wie ich sie von früher her kannte. Eine Reihe Setzlinge wurde aus der Erde gezogen, in einen Eimer Wasser gelegt und von dort dann einzeln herausgenommen. Pflanzloch in die Tüte, Pflänzchen hinein und dann mit dem Pflänzer wieder schön angedrückt. War die Wurzel schon zu lang, war es besser, sie ein wenig einzukürzen. Wenn ich das so darstelle, kommt es Ihnen sicherlich sehr bekannt vor. Das machten wir auch nicht anders als hier in Deutschland.

Die bepflanzten Tüten wurden dann in Zehnerreihen nebeneinander aufgestellt. Die Pflänzlinge mußten mit einem aufgeschnittenen Kartoffelsack, der über diese Bäumchen gespannt wurde, vor der direkten Sonnenbestrahlung geschützt werden. Jetzt halfen nur noch Wasser und Zeit. Die kleinen Bäumchen mußten sich erst einmal »einleben« und in der Tüte ihre Wurzeln ausbreiten. Man sah ihnen das Umpflanzen deutlich an, denn in den ersten Tagen »schliefen« sie, das heißt, sie ließen die Köpfe ein wenig hängen. Aber nach ungefähr einer Woche standen alle wieder gerade, und man konnte ihr Wachstum praktisch von einer Woche zur anderen erkennen.

Während wir uns bis jetzt ganz auf den Baumschulteil konzentriert hatten, mußten wir nun daran denken, das Land vorzubereiten, auf das diese Bäume gepflanzt werden sollten. *Agapito* wurde beauftragt, Helfer zu finden, die bereit waren, den Busch gegen Bezahlung fanegadaweise abzuholzen. Das abgeschlagene Holz wurde zu Haufen geschichtet und verbrannt. Die etwas größeren Bäume ließen wir stehen.

Also arbeiteten wir jetzt an zwei Fronten, der Baumschule und dem Vorbereiten des Landes. Mit der Zeit wurden wir es aber leid, beide jedes Wochenende auf die *finca* fahren zu müssen. So teilten wir uns die Arbeit. Ein Wochenende fuhr Hernando, das andere ich. Es ging ja nicht nur um die Kontrolle der Arbeiten. Die Leute wollten ja auch ihr Geld sehen. Auch wenn die Arbeit stück- oder flächenweise vergeben wurde, mußten wir unseren Helfern eine Abschlagzahlung leisten.

In diese Zeit fiel mein Heimaturlaub. Alle zwei Jahre zahlte mir die Firma einen Flug für die ganze Familie nach Deutschland. Ich hatte mir vorgenommen, Samen von dort mitzubringen, schließlich kam Inge aus Elmshorn, einem Baumschulgebiet *par excellence*.

Daß sie dort keinen *eucalyptus glóbulus* kannten, verstand ich ja noch. Aber daß auch keiner wußte, was *pinus patula* oder *pinus radiata* waren, enttäuschte mich doch sehr. Bei einem persönlichen Besuch bei Horstmann in Elmshorn kam die freundliche Sekretärin auf die Idee, einen Kollegen in München anzurufen, der mehr darüber wissen könnte.

»Ja«, kam die Antwort, »ich habe 100 Gramm *pinus patula*-Samen. Aber weiß ihr Kunde überhaupt, daß er eine subtropische Art Kiefern sucht?«

Nein, das wußte ich natürlich nicht, und 100 Gramm halfen mir auch nicht weiter. Also erklärte ich der Sekretärin, worum es sich handelte, und der Münchener Unternehmer wußte auch gleich Hilfe.

»Da müssen Sie sich an SETROPA in Büssum, Holland, wenden. Die liefern alle tropischen und subtropischen Samen in der Menge, die Sie brauchen.« Und sogar die Telefonnummer bekam ich von ihm.

Flugs setzte ich mich mit dieser Firma in Verbindung, denn es war schon viel Zeit meines Urlaubs vergangen, ohne daß ich fündig geworden war.

Ja, sie hätten alle meine Samen vorrätig, wohin sie sie mir schicken sollten, bekam ich zur Antwort.

Ich entschloß mich, nach Büssum zu fahren. Wir legten einen Termin fest, und er sollte mir ein Kilogramm von jeder Sorte, einschließlich des *eucalyptus glóbulus*, vorbereiten. So um die 30 US Dollar pro Kilogramm kostete jede Sorte.

Der Urlaub war damit buchstäblich gerettet. Dieses Problem hatte mir doch auf dem Magen gelegen. In Zukunft konnten wir den Samen bestellen und per Rechnung bezahlen. Ich war ja jetzt Kunde. Über die Jahre bin ich ein guter Abnehmer von SETROPA gewesen. Mehrere Kilogramm haben wir uns auch nach Kolumbien schicken lassen. Immer 250- bis 300-gramm-weise als Muster. Probleme hat es dabei nie gegeben.

Ich konnte es gar nicht erwarten, Hernando mitzuteilen, daß ich drei Kilogramm Samen mitbringen würde. Vielleicht soviel, wie Kolumbien im ganzen Jahr zur Verfügung standen.

Sie meinen, ob ich Zollschwierigkeiten in *Bogotá* hätte haben können?

Nein. Dort stand jedesmal der *amigo* von der Firma, der wiederum seine *amigos* bei der Gepäckkontrolle kannte. Zwar wurde jeder Koffer aufgemacht und heftig durchwühlt. Aber das war mehr zur Schau, damit die anderen nicht auf den Gedanken kommen könnten, daß da etwas Irreguläres ablief. Selbst mit Motorenersatzteilen für die Firma gab es nie Probleme. Und die kann man nicht so einfach verstecken.

In den drei Monaten, die wir in Deutschland waren, hatte Hernando schon mit dem Pflanzen der Bäumchen auf dem vorher abgeholzten Terrain begonnen. Er hatte hölzerne Kästen gezimmert, die jeweils 100 Tüten aufnahmen und gut auf das

Das ist der *pinus patula*. Er hat lange, weiche und eher hellgrüne Nadeln.

Traggestell unseres Esels paßten. Denn so ein Grautier hatten wir uns inzwischen auch zugelegt. Schon während des Baus der Hütte mußten ja die verschiedenen Materialien von der Stelle heraufgeschafft werden, die die Lastwagen noch gerade erreichen konnten.

Wir pflanzten in Reihen von drei Metern Abstand und zwar auf Lücke.

Die ganze Planung des Heranziehens der kleinen Bäume und das Auspflanzen waren auf das Wetter ausgerichtet. Im *vivero*, der Baumschule, konnten wir gießen, auf dem Land nachher aber nicht mehr. Wir mußten also in der Regenzeit pflanzen. Zu diesem Zeitpunkt mußten die Bäumchen so weit sein, daß sie sich dort selbst verteidigen konnten. Denn der Busch, der zuvor abgeholzt worden war, schlug mit dem Regen auch wieder aus. So war es praktisch ein Wettlauf der Natur. Wir waren gespannt, wer den gewinnen würde. Ich kann vorwegnehmen, daß in diesem Fall der Eukalyptus viel schneller war, denn er ist ein schnellwachsendes Gehölz und läßt der restlichen Vegetation auf lange Sicht keine Chance.

Zu diesem Zeitpunkt hatten wir ja noch keine Erfahrung und hegten Zweifel, ob die kleinen, circa 10 Zentimeter hohen Pflanzen auf dem freien Land bestehen könnten.

Sie konnten!

Nachdem wir nun große Mengen junger Pflanzen herangezogen hatten, mußten wir in der nächsten Regenzeit feststellen, daß unsere Pflanzmannschaft gar nicht so schnell mit dem Auspflanzen nachkam und daß wir zu viele Bäumchen in Tüten vorbereitet hatten.

Diese mußten auf die nächste Regenzeit warten. Dabei stellte sich im folgenden Jahr heraus, daß es gar nicht von Nachteil war, größere, circa 20 cm hohe Bäumchen zu pflanzen. Man mußte nur aufpassen, daß die Wurzelteile, die schon aus den Tüten herausgewachsen waren, abgeschnitten wurden, damit sie nicht umknickten. Diese Bäume setzten sich in ihrer Umgebung schneller durch. Es war also doch nicht alles richtig, was uns die erfahrenen Fachleute gesagt hatten.

Das ganze Land eignete sich aber nicht für Eukalyptus, deswegen hatten wir auch Kiefern vorgesehen. Der Eukalyptus braucht einen guten Untergrund. Stößt seine Wurzel auf Felsen, stellt er sein Wachstum ein und vegetiert mehr oder weniger vor sich hin. Dem hatten wir Rechnung zu tragen. Die Kiefern als Flachwurzler eigneten sich hingegen gut für felsigen Untergrund.

Der *vivero* für die Kiefern wurde anders vorbereitet. Auf das eingerahmte Beet von ein mal zwei Metern siebten wir eine fünf Zentimeter dicke Sandschicht.

Die Kiefernsamen ließen wir einen Tag im Wasser quellen, durchnäßten den Sand kräftig und verteilten so gut es ging die vorgequollenen Samen über die Fläche. Anschießend siebten wir trockenen Sand darüber. Gerade so viel, daß die Feuchtigkeit nicht mehr durchschlug.

Nach ungefähr 14 Tagen kamen die ersten kleinen Köpfchen heraus. Nach weiteren drei Wochen standen die kleinen Schößlinge wie Streichhölzer im Sand. Die Stielchen schoben nämlich die Samenkapsel vor sich her, in der noch die ersten

Nadeln eingeschlossen waren. Von einem Tag auf den andern sprangen aber diese Kapseln auf, und die kleine Pflanze hatte vier winzige Nadeln. Das sah genau so putzig aus wie zuvor die »Streichhölzer«.

Auch hier machten wir die Erfahrung, daß man die Kiefern nicht zu früh aus dem Samenbeet nehmen sollte. Ansonsten spielte sich alles genauso ab, wie beim Eukalyptus. Hinein in die Tüten, in Zehnerreihen aufgestellt und in einem halben Meter Höhe mit einem Sack abgedeckt, damit die direkte Sonnenbestrahlung die noch zarten Pflanzen nicht schädigen konnte.

Im Gegensatz zu dem Eukalyptus waren zwei Typen Kiefern vorgesehen. Der *pinus patula* hatte einen herrlichen, weihnachtsbaumähnlichen Wuchs, mit hellgrünen langen Nadeln, während der *radiata* dunkelgrün und buschiger war. Beide wuchsen aber gleich schnell. Man hatte uns empfohlen, gemischt zu pflanzen, um die Krankheitsanfälligkeit herabzusetzen. Zwar sah der *patula* zum Weihnachtsfest schöner aus, wurde aber leider schneller trocken und braun. So durfte meist ein *radiata* bei uns zu Hause stehen.

Im zweiten Jahr bemerkten wir schon, daß uns das Wasser zum Ende der Trockenzeit ausging. Bei den ausgedehnten Baumschulaktivitäten und unseren häufigen Besuchen waren 12 Kubikmeter Wasser nicht genug. Es mußte also ein größerer Tank her.

Etwas unterhalb des jetzigen wollten wir ihn bauen. 120 Kubikmeter sollte er haben. Ein Stück Land von circa sieben mal neun Metern wurde abgesteckt und *Agapito* beauftragt, Leute zu finden, die bereit waren, eine vier Meter tiefe Grube auszuheben. Die *campesinos* dieser Gegend standen ja praktisch als Arbeitskräfte zur Verfügung. Das bißchen Landwirtschaft auf ihrem eigenen Land konnte auch von ihren Frauen betrieben werden. Nur, wir kannten sie nicht, *Agapito* hatte die Kontakte.

In der nächsten Woche waren schon vier Männer bereit, den Tank zu bauen. Ursprünglich wollten wir bis vier Meter tief ausheben lassen, aber bei zwei Metern kam ein riesiger Findling zum Vorschein, der das ganze Projekt scheitern lassen konnte. Aber Hernando meinte, sie sollten ruhig drumherum graben, er würde schon dafür sorgen, daß der Stein wegkäme.

»Ich werde das *Batalión Bogotá* bitten, hier eine Sprengübung durchzuführen«, vertraute er mir an.

Hernandos Kontakte erwiesen sich als hervorragend. Eines Sonnabends erschien ein Sprengmeister mit seinen Soldaten auf der *finca* und »zelebrierte« die Sprengung dieses Felsbrockens. Ich hatte nicht gewußt, daß Dynamit so plastisch ist, daß man es auf einen Stein kleben kann.

Der »große« Wassertank

»Da Sie ja keinen Strom hier oben haben, habe ich mir die Bohrlöcher erspart«, hatte der Sprengmeister zu uns gesagt. Wir hofften jetzt alle gemeinsam, daß der Brocken uns den Gefallen tun würde, sich zu zerlegen.

Auf sein Kommando zündete ein Soldat die Sprengung. Es krachte gar nicht einmal so stark. Ich sah ein paar Brocken durch die Luft fliegen und etwas Rauch aufsteigen. Das war schon alles? Ich hatte ein größeres Spektakel erwartet!

Gespannt gingen wir wieder nach oben zum Loch und siehe da, unser Findling war in brauchbare Stücke zerlegt, immer noch zu groß, um weggetragen zu werden, aber man konnte sie jetzt mit dem Vorschlaghammer zertrümmern.

Die Sprengung hatte sich in der Gegend herumgesprochen. Das Spektakel wollte sich keiner entgehen lassen. Als Nebeneffekt stiegen wir in der Hochachtung der *campesinos* ganz beachtlich. Die *doctores* mußten wirklich gute Beziehungen haben!

Die Konstruktion der Wände und des Bodens machten wir ähnlich wie bei dem 12-Kubikmeter-Tank. Bei drei Metern Tiefe hatte er schlußendlich ein effektives Fassungsvermögen von 100 Kubikmetern. Fertig sah er wie ein Schwimmbad aus. Da die Wände schräg waren und der Rand 50 Zentimeter über dem Wasserniveau lag, wäre es unmöglich gewesen, dort wieder herauszukommen, sollte einmal jemand hineinfallen. Wir zogen also einen Zaun um ihn, so dicht mit Stacheldraht bewehrt, daß auch Kinder nicht durchklettern konnten.

Jetzt fehlte uns praktisch nichts mehr zu unserem Glück. Unser Paradies war fertig. Wann immer es ging, fuhren wir am Freitagabend auf die *finca* und verbrachten dort das Wochenende. Hier konnte man so richtig ausspannen.

Wenn wir hinauffuhren, zog ich immer meinen Jeansanzug an; immer denselben. Dazu begleitete mich all die Jahre mein

*Meine ersten Eukalyptus und ich*

Lederhut. Wenn ich mit dem Jeansanzug aus dem Schlafzimmer kam, wußte unser Dackel Nicki, daß es auf die *finca* ging. Er lief in die Garage, sprang in den Jeep und war dort nicht wieder herauszuholen. Auch für ihn war es ein Paradies.

Als meine Schwiegereltern uns auch hier oben besuchen sollten, fuhren wir Männer – und natürlich auch Nicki – voraus, um alles vorzubereiten, vor allem, um die Hütte aufzuheizen. Es war recht kühl und wir heizten auch innerlich mit *aguardiente* ein, dem 36-prozentigen Anisschnaps, anfangs in heißem Limonensaft mit Zucker, später nach dem Essen auch pur. Das wirkte vorzüglich und schon bald fühlten wir uns wohlig warm und hatten die notwendige Bettschwere. Es wurde noch einmal Kohle nachgelegt, und wir freuten uns auf morgen und das Picknick mit den Eltern.

Irgendwann in der Nacht hörte ich Hundegebell.

»Sei ruhig, Nicki«, rief ich ihm zu.

Aber er bellte heftig weiter. Zudem wollte er unbedingt auf mein Bett springen. Ich wehrte ihn ab, und irgendwie öffnete ich dabei ein Auge – und sah Licht.

»Einbrecher«, war mein erster Gedanke, denn wir hatten doch keinen Strom hier oben. Ich stand auf und schlich leise zur Küche, aus der der Lichtschein kam. Als ich um die Ecke schaute, sah ich durch das Küchenfenster, daß die ganze Landschaft orangerot erleuchtet war.

Es brannte.

Ich schrie: »Feuer, Feuer!«, und alle rannten im Schlafanzug und barfuß nach draußen. Ein Teil unseres Riedgrasdaches stand in Flammen, aber nur um den Küchenschornstein herum.

Ralf reagierte als erster, lief zum Jeep und holte den kleinen Autofeuerlöscher heran. Mit dem konnte man das Feuer noch nicht einmal kitzeln! Inzwischen vermißte ich Ingo. Der war nach oben gelaufen. Als ich auch nach oben ging, kam mir aus dem Dachgeschoß schon eine Matratze entgegen, an deren Ende Ingo zum Vorschein kam. Und das alles im dicksten Rauch.

»Laß die Matratzen, Matratzen sein«, sagte ich zu ihm. »Es ist in diesem Rauch zu gefährlich. Laß uns lieber mal schauen, ob wir Wasser haben und löschen können.« Ein Glück, daß wir am Abend den Siphon noch installiert hatten. Viel Hoffnung, daß wir das Feuer löschen könnten, hatte ich dennoch nicht.

Die ersten paar Eimer, die wir auf die vorderste Ecke des Daches kippten, zeitigten aber doch Erfolg. Ich stellte einen Tisch an den Dachrand und stieg darauf. Einer füllte die Eimer, der andere reichte sie mir an. So löschten wir die erste Ecke, so daß ich aufs Dach klettern konnte. Jetzt war ich dichter am Feuer, und wir gewannen langsam die Oberhand. Dieses Riedgras war so dicht gepackt, daß es nur an der Oberfläche brannte, wo Sauerstoff zur Verfügung stand. Innen glimmte es nur.

Tja, abgebrannt. Aber Dank Nicki wurden wir rechtzeitig geweckt und konnten löschen. Die beiden Fenster gehören zum Eßraum. Rechts von der Tür befindet sich die Küche.

Ich versuchte natürlich, auf die Dachbalken zu treten, kam aber irgendwann auf die nur von unten angenagelten Bambusmatten. Die trugen mich nicht, und ich rutschte durchs Dach. Zum Glück landete ich auf dem Herd und konnte wieder hochklettern.

Die Flammen waren schnell besiegt. Jetzt hieß es die Glutnester zu entdecken. Ich fuhr mit der Hand in das Gras, und wenn es heiß wurde, folgte ein Eimer Wasser.

Wie lange das Ganze gedauert hat, weiß ich nicht mehr. Wir waren schwarz, und uns dreien war ein wenig übel. Ich nehme an, daß wir eine leichte Rauchvergiftung hatten. Aber auch dagegen half ein *aguardiente*.

Als wir sicher sein konnten, daß auch die letzte Glut gelöscht war, legten wir uns wieder schlafen. Natürlich wachten wir erst spät am Morgen auf. Wir hatten versprochen, Inge und die Eltern vom Anfang der schlechten Wegstrecke abzuholen, denn als zweiten Wagen besaßen wir nur einen VW Käfer, den wir nicht diese Straße hinaufquälen wollten.

Jetzt hieß es, nichts wie hinunterzufahren. Auf halbem Weg kamen sie uns aber schon entgegen.

»Habt ihr vergessen, daß ihr uns abholen wolltet«, bullerte mein Schwiegervater los.

»Tut mir leid, das Haus ist abgebrannt«, entgegnete ich.

»Mach keinen Unsinn, mit so etwas spaßt man nicht.«

Weiter kam er aber nicht. Erst jetzt hatte er uns angeschaut, und wir müssen wohl ziemlich überzeugend ausgesehen haben. Auf jeden Fall war er sehr bestürzt.

»Also fahren wir«, sagte ich. »Es ist ja nur ein Teil des Daches weg, und wir haben alles löschen können. Nicki hat uns eindeutig das Leben gerettet. Denn mit dem Alkoholpegel wären wir wahrscheinlich an einer Rauchvergiftung gestorben.«

Trotzdem machten wir unser Grillfest wie geplant. Eine richtige Stimmung wollte aber nicht aufkommen. Ich beschloß noch am selben Sonntag, unseren Baumeister zu bitten, die Reparatur zu übernehmen.

Also fuhr ich mit den Kindern ins Nachbardorf. Tatsächlich traf ich unseren *maestro Julio* beim *Turmequé* Spielen an. *Turmequé* ist der richtige Name dieses Spiels, das Volk sagt aber einfach nur *Tejo*. Hierbei handelte es sich darum, eine Gußeisenscheibe in ein Rohrstück in circa 10 Metern Entfernung zu werfen. Diese Scheibe hat die Form eines abgeschnittenen Kegels, und man wirft sie mit dem konischen Teil nach unten. Das Rohrstück ist etwas größer im Durchmesser als die Scheibe. Auf ihm liegen, in den vier Himmelsrichtungen, vier Knallkörper. Und je nachdem wie gut man trifft, explodieren einer oder zwei oder auch alle vier. Dazu fließt reichlich Bier.

Bestürzt lauschten alle Anwesenden meinem Bericht, und ich bekam auch erst einmal ein Bier. Auch wenn diese Menschen nicht viel hatten, gastfreundlich waren die einfachen *campesinos* immer. Ausgiebig erzählte ich von unserem Hund, der uns gerettet hatte, und gab der Hoffnung Ausdruck, daß der *maestro* Zeit finden würde, die Reparatur baldmöglichst durchzuführen.

*Maestro Julio* erklärte sich bereit, den Schaden in den nächsten Tagen zu besichtigen. Er würde uns dann die notwendigen Materialien angeben, die er für die Arbeiten brauchte.

Jetzt mußte ich nur noch Hernando informieren. Das tat ich noch am selben Abend per Telefon. Einen Vorwurf, wie ich ihn vielleicht erwartet hatte, machte er mir nicht.

Am nächsten Tag hatte er auch schon einen Vorschlag. Er war der Meinung, daß wir die abgebrannte Stelle so nicht wieder aufbauen sollten, sondern diese Seite mit einem Giebel versehen könnten. Wir würden dann oben viel mehr Platz und Licht gewinnen. Eine Skizze hatte er auch schon angefertigt.

Mir gefiel sein Plan, denn unten war es sehr beengt, kalt und irgendwie feucht. Zum Essen ging es ja, aber für einen längeren Zeitraum war es ungemütlich.

In den folgenden Tagen ging das *brainstorming* weiter.

»Wir könnten dann oben eine Kaminecke einrichten«, meinte Hernando und bot sich an, die notwendigen Zeichnungen zu erstellen. Ich wollte dann mit den entsprechenden Werkstätten sprechen, um den Kamin und auch den Schornstein herstellen zu lassen. Es mußte jetzt besser isoliert werden. Wir hatten nämlich festgestellt, daß der Küchenschornstein in der Dachschräge geplatzt war. Funkenflug hatte das Riedgras in Brand gesetzt. Das sollte uns nicht noch einmal passieren.

Am nächsten Sonnabend trafen wir uns mit *maestro Julio* auf der *finca* und erklärten ihm, daß wir es etwas anders wieder aufbauen wollten. Wir überreichten ihm Hernandos Plan mit der in L-Form herausgezogenen Seite. Nach dem Versprechen, daß er gleich am Montag anfangen würde, verabschiedeten wir uns.

Was für eine Überraschung erwartete uns am nächsten Sonnabend, als wir wieder nach oben kamen! Hatte doch unser *maestro* das Dach wieder so geformt, wie es vorher war und nur eine kleine Gaube hinzugefügt. Auf unsere Frage, warum er denn nur so einen kleinen Ausbau gemacht hätte, antwortete er nur, er hätte sich an den Plan gehalten. Und der besagte, daß der Ausbau nur 1,50 Meter sein sollte.

»Das kann nicht sein«, sagte Hernando ärgerlich. »Zeigen Sie einmal den Plan her.«

»Hier, sehen Sie. Hier steht 1,50«, erwiderte der *maestro*.

»Aber *maestro*, das ist doch nur der Maßstab. Hier steht doch *escala* 1:50.«

Ja, Pläne lesen war wohl nicht *maestro Julios* Stärke. Vielleicht war dies überhaupt sein erster Plan. Was ein Maßstab war, wußte er anscheinend gar nicht.

Das schmucke Haus ist fertig. Wenn Sie auf das dahinterliegende Land schauen, entdecken Sie schon die kleinen, silbergrauen Eukalyptus.

Wir verdeutlichten ihm an Ort und Stelle, wie wir uns den Ausbau vorstellten, und das begriff er. Wir fügten noch hinzu, daß er auch das Frontfenster oben vergrößern solle, damit wir die Aussicht besser genießen könnten. Die Scheiben würden wir später bringen.

Das war einfacher gesagt als getan. Immerhin wollten wir Scheiben von zwei mal zwei Metern einbauen. Dafür stellte Hernando seinen Bootsanhänger zur Verfügung, den wir mit einem fast vertikalen Holzgestell versahen, an dem wir die Scheiben festzurrten.

Bis nach *Tabio* hatten wir ja gute Straßen, aber den Feldweg hinauf, fuhren wir langsamer als Schrittempo, und ich ging nebenher und hielt die Scheiben, obwohl sie gut festgezurrt waren. Bei jedem Schlagloch litt ich mit ihnen. Nach zwei Stunden waren sie aber heil oben angekommen, und sie blieben auch beim Einbau ganz.

Dadurch gewann unsere Hütte enorm. Man konnte jetzt den Ausdruck Haus benutzen, auch wenn die Konstruktion an sich sehr einfach war.

Wir verlagerten jetzt unseren Wohnraum nach oben. Unten wurde nur noch gegessen. In den neuen Ausbau stellten wir zwei Betten, an jede Wand eines. In den älteren Teil, wo wir das Fenster vergrößert hatten, kamen ein Sofa und ein Sessel. Die hatten wir von Freunden geschenkt bekommen, die ihre Möbel ohnehin loswerden wollten. Für die *finca* waren sie noch gut genug.

Für das Licht sorgten zwei Kandelaber, die ich entworfen und gebaut hatte. Jeder hatte 12 Kerzen, die ein herrlich anheimelndes Licht gaben. Man konnte nun sogar abends lesen.

Jetzt mußten die jungen Kiefern auch ausgepflanzt werden. Wir setzten sie dichter, also nicht alle drei Meter, sondern mit 1,50

Meter Abstand von Baum zu Baum, wobei wir den Reihenabstand bei drei Metern beließen. Wir wollten zu Weihnachten dazwischen ausholzen und die Kiefern als Weihnachtsbäume verkaufen.

Auf dem mit Fels durchwachsenen Gelände, das wir für die Kiefern bestimmt hatten, wurde es mit dem Transport schwieriger. Der Esel mußte teilweise ziemliche Umwege machen, um eine bestimmte Stelle zu erreichen. Im Laufe der Jahre aber machte die Pflanzung Fortschritte. Wir konnten jetzt schon voller Stolz die ersten Eukalyptusbäume auf unserem Gelände ausmachen. Mit ihren silbergrauen Blättern schimmerten sie aus dem übrigen Busch hervor. Einige hatten sogar schon die restliche Vegetation hinter sich gelassen und klar »gewonnen«.

Auch wenn ich manchmal die ewigen Fahrten am Wochenende leid war, genossen Inge und ich doch die *finca* in vollen Zügen. Wenn immer es ging, luden wir Freunde zu einem Picknick ein. Gegen 10.30 Uhr erreichten wir normalerweise unsere Hütte. Von Haus zu Haus brauchten wir bei gutem Zustand des Feldweges – das heißt in der Trockenzeit – etwas mehr als eine Stunde. Nach dem Anstellen des Wassers stand dann der obligate Rundgang an. Wir gingen im Prinzip immer den gleichen Weg, den wir mit *Serafín* beim Kennenlernen der *finca* gegangen waren. Dabei kontrollierten wir zum einen den Fortschritt der Pflanzung und zum anderen den Zustand der Zäune. Diese bestanden ja nur aus kräftigen Stämmen des Buschholzes und Stacheldraht. Die Stämme verrotteten aber sehr leicht, und *Agapito* mußte alle Augenblicke irgendwo Pfosten ersetzen.

Nicht nur für unsere Freunde war es ein toller Anblick, wenn wir oben auf dem höchsten Punkt standen. Auch ich genoß jedesmal die Sicht und die Tatsache, ein so schönes Fleckchen Erde zu besitzen. In Kolumbien war es schon eine feine Sache »doctór« zu sein. Die Sorgen des Alltags wurden zum einen durch meine finanzielle Ausstattung und zum anderen durch die vielen dienstbaren Geister gemildert.

Mit Inge und den Kindern blieben wir meist auch über Nacht. Herrlich ruhig war es abends, und der Kamin spendete eine wohlige Wärme. Nur nachts hatte ich mitunter Probleme mit dem Schlaf. Es war so unheimlich ruhig, so still – ohne jeglichen Laut –, daß das eigene Blut im Kopf dröhnte. Und morgens vor Sonnenaufgang weckten uns die Hähne der Umgebung. Erst da merkten wir, daß wir doch nicht so ganz allein waren, wie es den Anschein hatte.

Der Kamin und mein »Kronleuchter«

Der Herd war noch nicht ganz ausgebrannt. Mit ein bißchen Holz und Kohle hatten wir schnell wieder heißes Wasser zum Duschen. Das war für mich das Größte, hier in dieser Wildnis heiß duschen zu können.

Um Ihnen einen kleinen Zeitrahmen zu geben, möchte ich einfügen, daß wir die *finca* 1975 gekauft haben. Der Hausbau begann im August desselben Jahres. Den *vivero* starteten wir zur gleichen Zeit. Im November war das Dach gedeckt, und das erste Picknick am fertigen Haus machten wir im Dezember 1975. Der Dachbrand war am 5. Januar 1978, aber schon im März 1978 war der Umbau fertig, und das Haus präsentierte sich in neuem Glanz: jetzt vergrößert und mit großen Scheiben. Kamin, Leuchter und die Einrichtung mit Sofa, Sesseln und Gardinen standen ab Ostern 1978 zur Verfügung. Sie sehen also, wir verloren nicht viel Zeit mit Reden. Es wurde gehandelt und alles ging ziemlich zügig.

Ostern 1978 war das Datum der Sprengung für den großen Wassertank. Wenn ich die Fotos des umgebauten Hauses aus dieser Zeit betrachte, kann ich auf dem Land dahinter schon die ersten Eukalypten erblicken, die sich silbern aus der restlichen Vegetation herausheben.

Ein Ereignis besonderer Art war die bevorstehende Sonnenfinsternis. Am 12. Oktober 1978 sollte *Bogotá* im Vollschatten liegen. Was bot sich besser zur Beobachtung an als unsere *finca*?

Mit einer ganzen Gruppe von Freunden zogen wir morgens hinauf. Einzige Bedingung war, daß alle einen Jeep besaßen. Mit drei Wagen und vier Familien fuhren wir um neun Uhr los. Wenn schon Sonnenfinsternis, dann wollten wir auch den Tag dort oben genießen. Glücklicherweise ist der 12. Oktober der höchste Feiertag in ganz Südamerika: *día de la raza*. Wörtlich übersetzt heißt das: »Tag der Rasse«. Man feiert aber die Entdeckung Amerikas durch Kolumbus, den Tag also, an dem Südamerika anfing als solches zu existieren.

Blick von der Nordwestecke der *finca* auf unser Haus

Um vier Uhr mußten wir aufbrechen. Wir wollten auf die Nordwestecke klettern. Dort hatte man freie Sicht auf die Sonne, wenn sie im Westen unterging. Helmut setzten wir auf den Esel, denn er war schon zu jener Zeit herzkrank und hatte eigentlich gar nicht mitkommen wollen. Wir anderen – einschließlich unserer Helfer – kraxelten den steilen Hang hinauf. *Agapito* machte mit dem Esel einen Umweg über die Nachbarfinca, denn der konnte natürlich nicht den steilen Hang erklimmen. Alle hatten wir unsere Fotoausrüstungen dabei, die uns das Klettern nicht gerade erleichterten.

Um kurz vor fünf Uhr riß die Wolkendecke auf und die Sonne erschien. Der Mond hatte schon angefangen an ihr zu nagen, und wir schossen unsere ersten Fotos. Ich habe alle fünf Minuten eine mehrsekündige Filmaufnahme gemacht, mit einem Schweißglas vor dem Objektiv natürlich. Als dann der letzte starke Lichtstrahl verschwunden war und nur noch die *Corona* zu sehen war, habe ich die Kamera durchlaufen lassen, bis der erste Blitz an der anderen Seite wieder erschien. Ungefähr zweieinhalb Minuten dauerte die komplette Finsternis.

Die Landschaft war gespenstisch anzusehen. Es wurde nicht ganz dunkel. Irgendwoher kam ein kaltes Licht. Schlagartig wurde es kühl, die Vögel verstummten beim letzten Sonnenstrahl und die Straßenlaternen unten im Dorf gingen an. Es lag irgendwie eine Stimmung des Todes über der Landschaft. In diesem Moment wurde mir klar, daß wir Menschen ohne die Sonne nicht existieren können. Aber wunderschön war diese gleichmäßige *Corona* anzuschauen. Den Film besitze ich auch heute noch und schaue ihn mir gelegentlich an.

Aber wie gesagt, die Sonne war nicht verschlungen worden, und mit ihren Strahlen am unteren Rand der *Corona* erwachte die Natur wieder.

Das Aufforsten lernten wir dadurch, in dem wir es machten. Der Amerikaner nennt es kurz: *Learning by doing*. Also, das Abholzen des Buschs ließ das Land stark austrocknen, denn bis die neuen Bäume Schatten spenden konnten, vergingen einige Jahre. Außerdem hatten wir die Reihen von unten nach oben angelegt. Das erwies sich als unpraktisch und förderte die Erosion. Wir waren dazu übergegangen, nur eine einen Meter breite Schneise vom Busch zu befreien und zwar horizontal oder besser gesagt parallel zum Grat. So blieben zwischen den Schneisen zwei Meter Busch stehen, die gleichzeitig für den Schatten der jungen Bäume sorgten. Das Abbrennen des abgeholzten Gestrüpps unterließen wir auch.

Dieser Matsch war bei Regen selbst für unseren Jeep unüberwindbar

Zuerst hatten wir Bedenken, ob wir vielleicht in ein oder zwei Jahren diese Schneisen säubern müßten. Aber auch die Kiefern stellten sich als vitaler heraus als der Naturbusch. Diese Vorgehensweise war für das Land verträglicher, unsere Helfer kamen schneller voran, und wir hatten geringere Kosten.

Mit den Kiefern kamen auch die Pilze, die vorher dort nicht existiert hatten. Zuerst erschienen wunderschöne Fliegenpilze, und im nächsten Jahr wuchsen auch Butterpilze. Hernando kannte sich mit diesem Typ Pilz aus, und ich traute mich, die von ihm gesammelten und zubereiteten Pilze mitzuessen. Später habe ich sie dann auch selbst gesammelt und zubereitet. Unsere Erwartung, daß sich auch andere »Betuchte« hier oben ansiedeln würden, erfüllte sich nie. So blieb der Weg so schlecht wie er war. In der Regenzeit kamen wir nur mühsam nach oben, wobei sich die Jungmannschaft auf die vordere Stoßstange des Jeeps setzen mußte, um mehr Gewicht auf die Vorderräder zu bringen.

Sollte es aber regnen, wenn wir schon oben waren, wurde die Abfahrt kritisch. Zuallererst galt es, den Vierradantrieb auszuschalten. Damit konnte man, bildlich gesprochen, den Wagen praktisch an den Hinterrädern aufhängen, und die vorderen blieben dabei lenkbar. Des öfteren mußte unsere Mannschaft uns auch abseilen. Und das im wahrsten Sinne des Wortes. Mit Seilen an der hinteren Stoßstange befestigt hingen dann *Agapito* und seine Helfer am Jeep und schlitterten hinterher. Aber es half. Wir sind jedenfalls nie verunglückt.

Meine Söhne, Ingo und Ralf, bringen Gewicht
auf die Vorderräder

Wurde der Weg aber zu schlecht, haben wir schon manchmal einige LKW-Ladungen Kies geopfert und auf dem schlechtesten Stück verteilt. Es war aber immer nur wie ein Tropfen auf den berühmten heißen Stein.

Durch die Aufforstungen änderte sich auch das Bild der Landschaft. Wenn wir jetzt den Feldweg hinaufkamen, sah man schon von weitem das Grün unserer Bäume, statt des Graus des Busches vorher. Und bei den Rundgängen stellte ich leider fest, daß die Sicht teilweise verloren gegangen war. Nun gut, dieses Manko kompensierte sich für mich durch das Gefühl, im eigenen Wald spazierengehen zu können. Und Freunde, die die *finca* nicht kannten, vermißten die Sicht nicht, sondern genossen wie ich den Waldspaziergang.

Kaum, daß wir die Kiefern gepflanzt hatten, beschloß der Bürgermeister von *Bogotá*, natürliche Weihnachtsbäume nicht mehr zuzulassen. Es wurde verboten, Bäume für das Fest zu schlagen. Dieser Erlaß war verständlich. Der Raubbau an der Natur war zu groß gewesen. Man kaufte doch keine Bäume, sondern jeder fuhr aufs Land zum Picknick und schlug sich bei dieser Gelegenheit eine Kiefer, eine Pinie oder einen *chamiso*. Letzterer war ein abgestorbener Busch oder ein größerer, toter Zweig, der in der Zwischenzeit mit Flechten bewachsen war.

Wir hatten keine Möglichkeit zu argumentieren, daß wir doch extra zu diesem Zweck doppelt dicht gepflanzt hatten. Wir müßten doch ohnehin die Bäume dazwischen herausholzen. Verbot blieb Verbot. Es ist halt so, wenn irgend jemand eine Genehmigung erhält, dann marschieren unendlich viele Bäume hinterher, geschmiert natürlich. Denn jeder hatte dann im Nachhinein eine Genehmigung. Aber kein Baum, war eben kein Baum! Und das ist sogar dem einfachsten Beamten klar zu machen. Nur so, auf diese rigorose Art sind Verbote durchzusetzen.

Ralf in der Kiefernschonung. Links mit den langen Nadeln sind die *pinus patula* und im Hintergrund, die kürzeren, steiler stehenden die *pinus radiata*

Nur uns traf es besonders hart. Wir hatten uns doch eine Rendite zwischendurch versprochen. Zwar habe ich jedes Jahr die deutsche Kolonie mit unseren Kiefern versorgt, aber das waren nur an die 30 Bäume, und wir hatten auf der *finca* an die 40.000 Eukalypten und Kiefern gepflanzt.

Mitte der 80er Jahre waren die Bäume schon so groß, daß man – wenn man vor einem stand – gar nicht mehr abschätzen konnte, wie er denn gewachsen war. Auf dem Boden hatte sich auch schon ein dichter Teppich aus Nadeln gebildet, auf dem man sehr leicht ausrutschen konnte. Ich war dennoch glücklich mit meinen Bäumen. Wir hatten etwas versucht und ein Paradies geschaffen. Unser Paradies. Ob es sich finanziell rechnen würde? Zumindestens war das nicht meine vordergründige Motivation gewesen. Eine *finca de recreo*, also eine *finca* zur Erholung, war es allemal.

Und, vielleicht darf man auch folgendes Argument nicht aus den Augen verlieren: Jemand, der in Kolumbien etwas auf sich hielt, besaß eine *finca*.

---

\*  Siehe: »Ein Freund – *El amigo*«, aus dem Buch
   »Eine andere Seite des Lebens«, Seite 28
   (ISBN Nr. 3-8330-0812-1)

\*\* Siehe: »*El doctór*«, aus dem Buch
   »Kolumbien – Erinnerungen«, Seite 15
   (ISBN Nr. 3-8334-0547-3)

Eine Urne mit schöner Ziselierung aus *San Agustín*

# Unterwegs im *Cesár*

Also, mit den Römern hat die folgende Geschichte nichts zu tun. Hier handelt es sich um das jüngste Departement des kolumbianischen Staates.

Ende der 60er Jahre wurde es vom Departement *Magdalena* abgetrennt. Sein erster Gouverneur war der spätere kolumbianische Präsident Alfonso Lopez Michelsen. Einflußreiche Großgrundbesitzer hatten die politische Maschinerie in Gang gesetzt, denn das Departement *Magdalena* war wirklich sehr groß und *Barranquilla*, die Hauptstadt, weit weg.

Für die neue Hauptstadt *Valledupar* bedeutete das natürlich einen enormen Aufschwung. Übrigens war ich immer versucht, den Namen *Valledupar* französisch auszusprechen – das »u« wie »ü«. Aber es ist eine Zusammenziehung aus »*Valle de Upar*«, das Tal des *Upar* Flusses.

Es wurden neue Fluglinien eingerichtet und ein sehr schönes Hotel gebaut, das *Sicarare*. Als ich dort zum ersten Mal abstieg, fehlte noch die Klimaanlage, also mußte man nachts schwitzen oder die Fenster öffnen. Ich versuchte es mit Frischluft.

Man hatte aber in der Stadt Nachtwächter angestellt, die auf den Straßen patrouillierten. Wenn sie an der Grenze ihres Zuständigkeitsbereichs angekommen waren, pfiffen sie auf einer Trillerpfeife und gingen zum anderen Ende ihres Gebietes, um dort erneut zu pfeifen. Häufig antworteten auch andere Nachtwächter.

Ich fand keinen Schlaf. Das habe ich nur eine Nacht mitgemacht, danach bin ich in ein bescheideneres Hotel gezogen, das *airconditioning* besaß, und bei dem man die Fenster nicht aufzulassen brauchte.

Wenn diese Wandgeräte gleichmäßig brummen, werden die meisten anderen Geräusche überdeckt. Die Monotonie des Brummens wirkt noch zusätzlich einschläfernd.

Karte des Departements *Cesár* mit seinen Nachbarstaaten

Später, als das *Sicarare* mit den Klimageräten ausgerüstet war, bin ich dort abgestiegen. Die Nachtwächter störten nicht mehr, gaben jetzt eher ein Gefühl der Sicherheit.

Das Problem dieses neuen Departements waren seine Verbindungswege. Das Wort »Straßen« mußte man groß schreiben! Der Hauptverbindungsweg nach Norden – also nach *Bogotá* – war nur bis *Codazzi* asphaltiert. Dann begann eine 200 Kilometer lange Sandstraße, auf der sich ein Schlagloch an das andere reihte. Erst in der Höhe des Nachbarstaates *Norte de Santandér*, ungefähr bei *La Maja*, begann wieder der Asphalt.

Genauso sah es mit der Verbindung nach *Barranquilla* aus. Die Asphaltdecke reichte bis *El Diluvio*, das sind etwa 60 Kilometer in Richtung Westen. Dann wurde es hier noch schlechter als in Richtung Norden, denn die Strecke nach Norden war wenigstens breit, diese jedoch recht schmal. Wenn es in der Regenzeit stark geregnet hatte, konnte man den Versuch einer Fahrt nach *Barranquilla* selbst mit einem Jeep getrost vergessen.

Direkt neben *Valledupar* steigt die *Sierra Nevada* aus der Ebene empor und besitzt mehrere Fünftausender, wie den *Pico Cristobal Colón* mit 5.780 Metern und den *Pico Bolívar* mit 5.770 Metern.

Die reichen Großgrundbesitzer scherten sich nicht um den Zustand der Straßen. Sie besaßen ihre Privatflugzeuge – mit Pilot natürlich. Wenn man einfach durch eine Glastür durchmarschierte, qualifizierte man sich wohl nicht selbst zum Führen eines Flugzeuges?!

Ach ja, ich hatte noch nicht erwähnt, daß ich dabei war, als einer dieser reichen Herren bei uns im Büro glatt durch eine Glastür ging. Gott sei Dank war ihm dabei nichts passiert, aber die Tür war in tausend Scherben. Und das bei Sicherheitsglas! Er war Glastüren eben nicht gewohnt. Oder walzte er immer alles nieder, was sich ihm in den Weg stellte.

Hier im *Cesár* habe ich die krassesten sozialen Gegensätze angetroffen. Aber sicherlich ist es auch in anderen Regionen Kolumbiens nicht viel anders, es war mir bisher nur nicht so bewußt geworden.

◊

Die Firma war immer auf der Suche nach Milch. In *Arjona* hatten wir eine Kühlstation. Also mußte ich auch dorthin. Zweckmäßigerweise konnte man doch gleich eine Rundreise durch die Region machen, um andere Milchgebiete zu erkunden.

Zu viert wollten wir von *Valledupar* über *Arjona*, *El Banco* und *Tamalameque* nach *Curumaní*, wo wir eine weitere Kühlstation besaßen, und von dort dann wieder zurück.

Von der Hauptstadt des *Cesár* fuhren wir bis nach *Codazzi* auf der Asphaltstraße. Dann noch einmal 70 Kilometer – den Schlaglöchern ausweichend – bis nach *La Jágua*. Um einigermaßen gut auf diesen Straßen voranzukommen, benutzte man meistens die linke Seite. Die Wellen, die sich mit der Zeit durch das konstante Rattern in die Fahrbahn eingefräst hatten, waren von der anderen Richtung her erträglicher und so fuhr man, wenn es einem angezeigt erschien, auf der gegenüberliegenden Fahrbahn. Es war aber ein ständiger Fahrbahnwechsel – von links nach rechts und zurück –, immer dahin, wo der Fahrer jeweils ein schlaglochfreieres Stück Straße zu entdecken glaubte.

Geprägt wurde die Landschaft durch die endlosen Baumwollplantagen links und rechts der Straße, die nur gelegentlich durch Weiden unterbrochen wurden, auf denen man hin und wieder auch Rinder sah. Im Prinzip benutzten die *haciendados* diese Weiden nur während der Regenzeit, wenn der *Magdalena* über seine Ufer trat. Jetzt in der Trockenzeit waren die Rinder auf den Weiden in den Niederungen des Flusses, die nun frei von Überschwemmungen waren und junges Gras trugen.

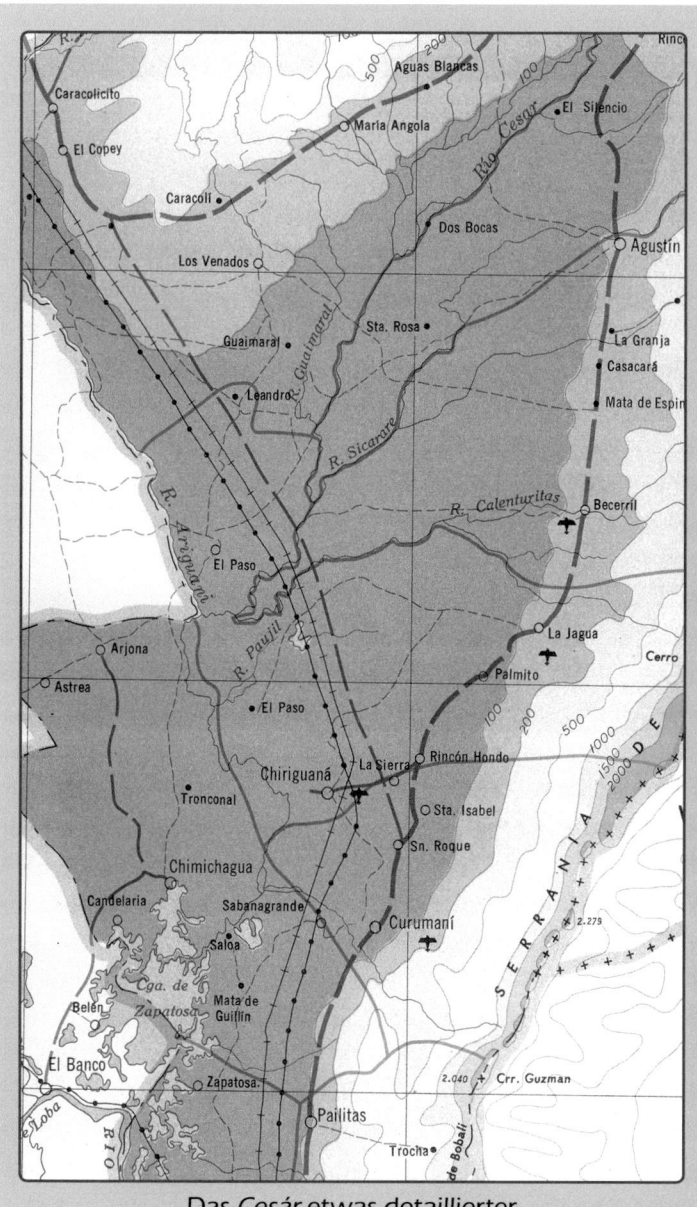

Das *Cesár* etwas detaillierter

Die Baumwollfelder prangten jetzt in kräftigem Weiß. Kurz vor Beginn der Regenzeit war nämlich die Aussaat, und die Entwicklung der Kulturen begann, wenn das notwendige Wasser in Form von Regen vorhanden war. So endete auch der Wachstumsprozeß mit Beginn der Trockenzeit. Die Fruchtknospen brachen dann auf und zeigten ihre weiße Pracht.

Ein Heer von Saisonarbeitern strömte jetzt ins *Cesár*, um die Baumwollernte einzubringen. Es gab eine große Polemik, ob man nicht besser Maschinen für diesen Zweck einsetzen sollte. Die Befürworter wollten unabhängig von Saisonarbeitern sein, um dann zu ernten, wenn sie es für richtig hielten. Und vor allem, um schneller zu ernten. Denn sollte die aufgeplatzte Fruchtknospe doch einmal Regen ausgesetzt sein – auch die Trockenzeit garantiert nicht, daß es nicht doch einmal kurz regnen kann –, dann bekommt die Baumwolle schwarze Flecken, und damit ist automatisch eine Wertminderung verbunden.

Der entscheidende Nachteil einer Maschinenpflückung war aber der Preis der Maschine an sich und der Wegfall der Nachernte. Denn nicht alle Knospen sprangen zur gleichen Zeit auf. Die Gegner argumentierten, daß die Haupternte gerade einmal die Kosten decke, und erst die Nachernte den Gewinn brächte. Außerdem hatten die kolumbianischen Präsidenten immer darauf bestanden, daß Arbeit erhalten bleiben müßte und nicht wegrationalisiert werden dürfte. Ein Argument, das durchaus verständlich ist, aber dadurch das Land immer weiter ins wirtschaftliche Hintertreffen geraten ließ. Zumal dieses Argument in der gesamten Industrie massiv eingesetzt wurde.

In *La Jágua* verließen wir die Hauptstraße nach *Bogotá* und folgten einer Landstraße in Richtung Westen. Diese Straße unterschied sich in ihrer Qualität in nichts von der Hauptstraße, nur daß sie eben schmaler war. Nach circa 90 Kilometern Gehopse und Geschaukel erreichten wir *Arjona*.

Es war gerade Milchempfangszeit, und wir konnten die unterschiedlichsten Transportmittel bewundern. Die reicheren *haciendados* brachten die Kannen mit einem Jeep, der, wenn auch sehr ramponiert, doch immerhin einen gewissen Luxus darstellte. Die Kleinbauern mit nicht mehr als zwei Kannen hatten diese meist auf Esel geladen – je eine Kanne an einer Seite auf einem Traggestell.

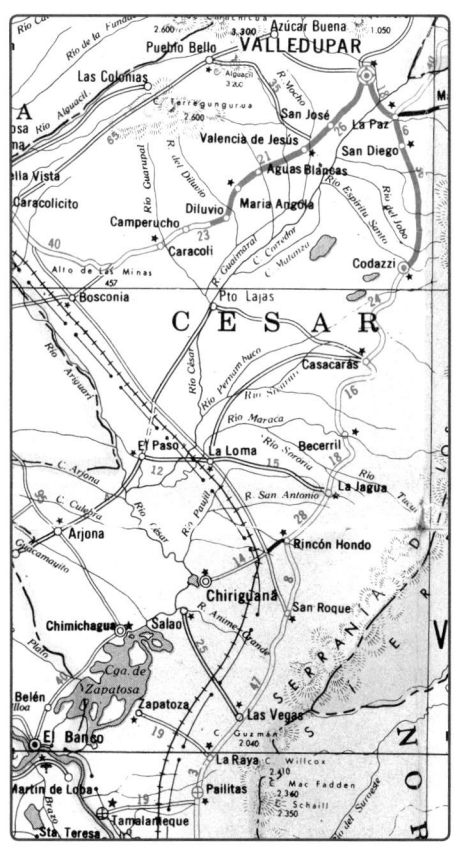

Und jetzt noch ein Ausschnitt, der auch die Dörfer zeigt

Als Zwischenlösung gab es noch die zweirädrige Karre, die von einem Gaul oder Esel gezogen wurde.

Viel war hier nicht zu diskutieren. Der Milchinspektor fragte nach der Entwicklung der Milchmenge, ich schaute, ob die Installation in Ordnung war, und der Fabrikdirektor von *Valledupar* kontrollierte die administrativen Dinge. Aber wie gesagt, bei dieser kleinen Anlage kam es im Prinzip nur darauf an, sich wieder einmal sehen zu lassen, damit die Angestellten nicht das Gefühl bekamen, sie könnten tun und lassen, was sie wollten.

Von hier aus fuhren wir weiter nach *El Banco*, das direkt am *Río Magdalena* liegt.

Die Landschaft hatte einen besonderen Charakter angenommen. Spitze, konische, einen Meter hohe Gebilde waren jetzt massenhaft auf den Weiden zu sehen. Das waren die Lehmbauten der Termiten, die in einer so großen Anzahl links und rechts des Weges standen, wie ich es mir nie hätte vorstellen können.

Wenn ich das Wort Weide gebrauche, dann nur, weil mir keine andere Bezeichnung dafür einfällt. Es gab Gras und es gab auch Kühe. Aber was man sah, waren im Prinzip die harten, hochaufgeschossenen Überbleibsel: das, was die Tiere nicht fraßen. Das änderte man zum Ende der Trockenzeit durch Abbrennen der Felder. Das dürre »Unkraut« verbrannte, und mit dem Regen wuchs das junge Grün nach. Die paar Bäume, die in der Gegend standen, wurden von dem niedrigen Feuer nicht beeinträchtigt. Dieses Abbrennen war eher eine Unsitte, da es viel zur Erosion durch Wind und Wasser beitrug. Es hielt sich aber unter den *haciendados* die Ansicht, daß die Asche die Erde dünge – was sie zweifelsohne auch tat – und ein Abbrennen daher notwendig war.

Der individuelle Milchtransport

Apropos Kühe. Man sah fast nur Zebúrinder. Sie sind viel angepaßter an dieses Klima als unsere hiesigen Rassen, geben aber fast keine Milch. Im Durchschnitt einen Liter pro Tag und Kuh. Wenn man Milch produzieren wollte, waren zwei Sachen unabdingbar. Zum einen mußte man die Rinderrassen und zum anderen die Grassorten verbessern. Das mit den Rindern war einfacher. Durch künstliche Besamung konnte man leicht Holstein oder Schweizer Braunvieh einkreuzen. Nur zu viel durfte es nicht sein. Die Hälfte sollte schon noch Zebú bleiben, sonst bekamen die Tiere in den Überschwemmungsgebieten des Magdalena sehr schnell Probleme mit den Hufen und wurden anfälliger für Hautparasiten. Die Verbesserung des Grases war langwieriger, denn dazu mußte man ein Umdenken in den Köpfen der Großgrundbesitzer erreichen.

Nach weiteren 30 Kilometern Geschaukel und Staubschlucken erreichten wir *Chimichagua*. Hier hatten wir die Absicht, etwas zu essen. Aber nachdem wir das Dorf gesehen hatten, unterließen wir es lieber. Die famose *playa del amor* aber, den »Liebesstrand«, den wollten wir uns schon ansehen.

Die ungepflasterte Hauptstraße, die durch das Dorf führte, war so gebaut, daß sie zugleich Abwasserkanal war. Ihr tiefster Punkt lag also in der Mitte. Zwar wurde sie nicht für Fäkalien benutzt, aber alles andere gebrauchte Wasser – und auch mancher Unrat – landete auf der Straße. Teilweise floß das Wasser ein wenig, manchmal stand es auch einfach in Pfützen. Beim nächsten Regen würde dann alles weggespült werden, und die Straße würde wieder sauber sein.

Fast alle Häuser waren Holzbauten mit einem verzinkten Wellblechdach. Das konnte man aber nur ahnen, denn das Blech war inzwischen braun geworden: verrostet. Hin und wieder gab es auch ein Haus aus Hohlsteinen, die nicht aus Ton gefertigt wurden, wie wir es kennen, sondern aus Beton. Ohne Verputz natürlich, der wäre reiner Luxus gewesen. Und ab und an bemerkte ich auch eines, das mit Palmwedeln gedeckt war. Das waren dann wohl die Leute, bei denen es nicht einmal zu Zinkblech gereicht hatte.

Die Häuser hatte man einen halben Meter höher gelegt als die Straße, und sie besaßen eine circa einen Meter breite Veranda, die von dem vorgezogenen Dach überdeckt wurde. Auf ihr saß man dann auf kleinen Stühlen und betrachtete, was so um einen herum passierte.

Die Sitzfläche der Stühle war kleiner als die von unseren Stühlen und die Beine nur halb so hoch. Zur Technik des Sitzens: Man kippte den Stuhl zurück, so daß die Lehne gegen die Wand stieß, und stellte die Füße auf das Querholz unten an den Beinen. Solange man den Oberkörper gegen die Wand lehnte, verharrte der Stuhl in seiner Schräglage, beugte man sich nach vorn, kamen die vier Beine auf die Erde und man konnte aufstehen.

Das ist übrigens nicht nur in *Chimichagua* so. Diese Sitzposition findet man in ganz Kolumbien und auch im Rest Südamerikas.

Tagsüber sitzen meistens nur die Männer vor den Häusern. Die Frauen müssen ja arbeiten und die Familien versorgen. Aber abends findet man die ganze Familie in dieser Sitzlage auf der »Terrasse« und die kleineren Kinder spielen im Dreck vor dem Haus. Auf der Straße also.

Wie gesagt, wir fragten uns nach der *playa del amor* durch und gelangten so auch an das Ufer der *Ciénaga de Zapatosa*.

Warum ich das erwähne?

Es gibt einen ganz bekannten *vallenato*, der eine Liebesgeschichte an der *playa del amor* besingt. Jetzt möchten Sie natürlich wissen, was ein *vallenato* ist?

Es ist ein Musikstil, der in Balladenform alltägliche Geschehnisse besingt. Das Hauptinstrument ist ein Bandoneon, das von Knietrommeln, Rumbakugeln und mitunter auch einer Gitarre begleitet wird. Es wird behauptet, daß diese Musik mit ihren Texten die authentischste Kolumbiens ist. Es wird nicht etwas Romantisches besungen, sondern von Tatsachen und Ereignissen berichtet. Für meinen Geschmack ist sie etwas monoton, wie das auch bei unseren Bänkelliedern oft der Fall ist.

Aber *Valledupar* war enorm stolz auf seine Musik und nannte sich fast ein wenig hochtrabend »Welthauptstadt des *Vallenato*, *capital mundial del vallenato*«. An den drei Hauptstraßen vor der Stadt wies jeweils ein großes Schild darauf hin.

Und jedes Jahr fand das große *festival del vallenato* statt, bei dem die verschiedenen Sänger mit ihren Gruppen um den Titel des Königs, des *rey del vallenato*, kämpften. Übrigens waren die Sänger auch immer die Bandoneonspieler.

Wir aber waren eher enttäuscht, als wir an das Ufer des *Zapatosa*-Sumpfes kamen, das bedeutet nämlich das Wort *ciénaga*. Wir sahen eine riesige Lagune, es hätte auch ein Meer sein können, und an ihrem Ufer ein paar Kanus. Fischer landeten gerade ihren Fang an. Mich interessierte, was sie gefangen hatten.

»*Sardinas*«, war die Antwort. Also eine Heringsart.

Sie waren schon dabei, ihren Fang zu konservieren. Zwei Boote lagen immer dicht beieinander. In dem einen waren die gefangenen Fische, und einer der Männer schlitzte sie mit einem Messer auf, nahm die Eingeweide heraus und warf sie dem im anderen Boot zu. Der salzte sie ein und legte sie in eine Kiste. Das ging ruhig und zügig vor sich.

Wir vier schauten uns an. Und hier sollte sich eine so dramatische Liebesgeschichte abgespielt haben? Na ja, wir konnten jetzt jedenfalls sagen: »Wir sind an der *playa del amor* gewesen. Zumindest in Kolumbien konnte ich damit Eindruck schinden.

Also bestiegen wir wieder unseren Jeep, fuhren über die Dorfstraße auf die Landstraße zurück und auf ging es zur letzten Etappe. Nach circa 50 Kilometern erreichten wir *El Banco*. Nach so vielen Dörfern erwartete uns schon fast eine »Großstadt«. *El Banco* liegt übrigens schon nicht mehr im *Cesár*, sondern gehört zum Departement *Magdalena* und liegt direkt am *Río Magdalena*.

Es hatte ein eigenes Flair, wie alle Städte, die am Wasser lagen. Aber vielleicht empfand ich es auch nur so, weil ich selber vom Wasser komme.

Bis auf ein Stück von circa 100 Metern Länge war das Ufer von Häusern gesäumt, die so dicht am Strom standen, daß ich dachte, sie würden jeden Augenblick ins Wasser stürzen.

Hier war der *Magdalena* sehr breit. Vielleicht 100 Meter oder sogar mehr. Ich wage es nicht zu schätzen. Das brauntrübe Wasser bewegte sich langsam gen Süden, immer wieder von Wirbeln durchzogen, die auf Untiefen hindeuteten. Schiffe sah ich nicht, nur einige Kanus mit Außenbordmotoren. Aber es trieben größere und kleinere Inseln von Sumpfpflanzen vorüber. Die stammten aus den Sümpfen entlang des Stromes, denn wir waren ja schon mitten in der Trockenzeit. Da entleerten sich die Überschwemmungsgebiete und die Teppiche der Sumpfpflanzen wurden teilweise mitgerissen.

Vor dem unbebauten Uferteil war ein Platz, und jetzt erkannte ich auch, weshalb man dieses Stückchen frei gelassen hatte. Hier gab es Treppen über die ganze Länge des Uferbereiches, die bis tief ins Wasser hineinreichten. Das war die Anlegestelle für Schiffe und Kanus: der Warenanlandeplatz. Und richtigerweise befand sich auf der anderen Seite des Platzes die Markthalle, der *mercado libre*.

Das mit den Treppen fand ich originell, so war man wasserstandsunabhängig. Später habe ich diese Konstruktionen in vielen Magdalenastädten gesehen.

Hier wollten wir übernachten. Es gab ein dezentes Hotel, das sogar *airconditioning* hatte. Aber zunächst suchten wir ein Restaurant auf. Das war auch über das Flußufer hinausgebaut und im Flußbett mit Pfählen abgestützt. Es schien, als ob der Fluß hier nur eine geringe Strömung hatte und die Stützen auch bei Hochwasser nicht wegriß. So konnten wir ein wenig die Abenddämmerung am *Magdalena* genießen. Es hieß jetzt, Mittag- und Abendessen zusammen einzunehmen. Es war ja auch schon fast sechs Uhr, und die Dunkelheit kündigte sich an.

Diese Treppen am *magdalena* ermöglichen
ein Anlegen bei jedem Wasserstand

Was ich essen würde war klar: *capáz frito. Capáz*, das ist ein typischer Fisch des *Magdalena*, mit zwei vom Maul herunterhängenden Fühlern – fast hätte ich gesagt Schnurrhaaren –, 30 bis 40 Zentimeter lang und schön fleischig. Vor dem Fritieren schneidet man den *capáz* von beiden Seiten im Abstand von einem Zentimeter schräg, das heißt senkrecht zu den Gräten, ein. Damit werden zum einen die Gräten in 1 Zentimeter lange Stückchen geschnitten und zum anderen brät der Fisch gut durch. Dazu bestellte ich mir *fríjoles de principio*, das waren die schwarzen Bohnen, die es in Kolumbien zu jeder Tages- und Nachtzeit gab. Und *principio* bedeutete in diesem Fall eine kleine Portion zum Beginn, also als Vorspeise. Serviert wurde der Fisch mit *pommes frites*. Er war für mich immer eine Delikatesse: außen schön kross und innen saftig und weich. Er wurde übrigens entlang des ganzen *Magdalenas* angeboten, war also keine Spezialität nur dieser Region.

Am nächsten Morgen wollten wir zeitig weiterfahren. Es sollte da einen Feldweg geben, der von einer *finca* zur anderen führte und der Bahnlinie *Bogotá-Santa Marta* folgte. Wir wollten es versuchen, obwohl es Stimmen gab, die bezweifelten, daß wir dort durchkommen würden.

Zunächst aber mußten wir den *Río Cesár* überqueren, der, nachdem er die *Ciénaga de Zapatosa* durchflossen hatte, hier in den *Magdalena* mündete. Es gab sogar so etwas wie eine Fähre. Es war allerdings ein bißchen gebrechliches Gefährt, wie mir dünkte, aber es gab keine Alternative.

Diese »Fähre« bestand aus zwei großen Kanus über die man quer dicke Bohlen gelegt hatte. Die Boote selbst waren ungefähr zwei Meter auseinander, so wie die Kufen eines Katamarans. So entstand eine Plattform, auf der ein Jeep bequem Platz hatte. Aber ob diese Kanus einen Jeep tragen würden?

Sie trugen. Und nicht nur den Wagen, sondern uns noch dazu. Das Hinauffahren des Jeeps war ein wenig wackelig, aber einmal schön ausbalanciert, hatte ich kein unsicheres Gefühl.

Das Ganze dauerte eine Weile, und ich konnte beobachten, wie eine Herde Rinder durch den Fluß getrieben wurde. Ich empfand das schon fast als Tierquälerei. Denn der Fluß führte nicht viel Wasser und die Ufer waren steil und hoch.

Mit Schreien und Stockschlägen trieben die *gauchos* die Tiere hinein. Das Schwimmen schien für die Rinder kein Problem zu sein, da die Strömung nicht groß war. Aber beim Hinaufklettern taten sie mir leid. Mehrere Anläufe waren erforderlich. Immer wieder rutschten sie von dem steilen Ufer ab und landeten erneut im Wasser. Schlußendlich sah ich, daß es ein paar Kühe geschafft hatten und auf der Böschung standen. Da waren wir auch schon auf der anderen Seite des Flusses angekommen und fuhren weiter. Den Ausgang dieser Rinderüberquerung habe ich leider nicht mehr mitbekommen. Ich frage mich aber noch heute, ob man nicht eine bessere Stelle für diese Überquerung hätte finden können.

Also was jetzt kam, war keine Straße, es war ein einfacher *finca*-Weg ohne jegliche Art von Befestigung. Hier hatten wir es nicht mit Schlaglöchern, sondern mit Schlammlöchern zu tun. Es mußte immer einer vorher ausloten, wie tief der Schlamm war. Ich selbst hatte es schon erlebt, daß auch ein Jeep nicht weiterkam, wenn er mit dem Chassis aufsaß und sich seine Räder im Schlamm drehten. Als wir an der ersten *finca* vorbeikamen, womit ich jetzt die Häuser meine, fragten wir, ob der Weg vielleicht besser würde.

»Nein, das bleibt so.« Im Gegenteil, zwei *fincas* weiter sei nur Schlamm und es sei doch sehr fraglich, ob wir das schaffen würden.

Einstimmig entschieden wir umzukehren, denn wenn wir hier steckenblieben, gab es weit und breit keine Hilfe.

Also wieder auf unsere tolle Fähre und zurück nach *El Banco*. Von den Kühen war inzwischen nichts mehr zu sehen. Wir beschlossen, den Milchinspektor mit dem Jeep zurückzuschicken und uns dann bis *Tamalameque* auf dem Fluß fahren zu lassen. Der Inspektor sollte dann die Empfangsstation in *Curumaní* anrufen, damit sie einen Wagen von dort schickten, uns abzuholen.

An den famosen Treppen von El Banco fanden wir dann auch einen Transporteur, der gewillt war, uns nach *Tamalameque* zu bringen. Also freute ich mich auf eine Fahrt auf dem *Magdalena*, aber vorher wollten wir hier noch zu Mittag essen. Sie brauchen nicht viel Phantasie, um zu erraten, was ich gegessen habe. Richtig: *capáz frito*.

Mit einem modernen Aluminiumboot mit Luftkästen vorn und hinten und mit einem kräftigen Außenbordmotor ging es dann los. Wegen der flotten Fahrt flußaufwärts nahm ich vorsichtshalber meinen Strohhut ab, den ich in den Tropen immer dabei hatte. Im kräftigen Fahrtwind wäre er mir davongeflogen.

Ob es denn gefährlich sei auf dem *Magdalena*, wollte ich wissen.

»Eigentlich nicht, *Señor*. *Pirañas* gibt es hier nicht und bei dem flachen Boot braucht man auch nicht auf Untiefen zu achten, aber auf Baumstämme, die manchmal etwas unter der Wasseroberfläche schwimmen. Wenn man so einen rammt, dann kann das Boot schon kentern«, meinte unser Schiffer.

So erklärten sich auch die Kurven, die er manchmal auf dem breiten Fluß fuhr, und sicherlich hatte auch das zeitweilige Reduzieren der Geschwindigkeit damit zu tun.

Nach einer guten Viertelstunde erreichten wir *Tamalameque*. Viel zu schnell für mich, denn ich hatte diese Fahrt so richtig genossen.

Hier gab es keine Treppen, und da das Ufer flach war, fuhr unser Schiffer mit geringer Fahrt einfach auf den sandigen »Strand«, so daß wir trockenen Fußes herausspringen konnten. Kaum daß wir an Land waren, wurden wir auch schon von Herrn *Acevedo*, dem Administrator der Station *Curumaní*, begrüßt.

»Ich habe mich sofort ins Auto gesetzt, als ich den Anruf erhielt und habe es ja rechtzeitig geschafft«, stellte er zu unserer Begrüßung fest.

»Lassen Sie mich bitte das Kanu bezahlen, da kommen wir günstiger bei weg«, sagte Herr *Acevedo*. Und er schaffte es tatsächlich, den uns *gringos* ursprünglich genannten Preis zu drücken. Die hier lebenden Menschen kannten sich natürlich mit den Preisen besser aus.

Bis zur Hauptstraße fuhren wir nur durch Rindergebiet. Das waren alles Weiden, die so dicht am großen Strom lagen, daß sie überflutet werden konnten und jetzt in der Trockenzeit genutzt wurden. Wir gelangten etwas oberhalb von *Curumaní* auf die Hauptstraße und mußten jetzt noch einmal circa 40 Kilometer in Richtung *Valledupar* fahren.

Es war schon ziemlich spät geworden, und die Dunkelheit war nicht mehr fern, als wir *Curumaní* erreichten. So suchten wir unser Hotel auf, luden unsere Köfferchen ab und hielten dann nach einem Lokal Ausschau, wo wir etwas zu trinken und zum Abendessen bekommen konnten.

Das heißt, wir wollten Ausschau halten und hatten dabei vergessen, daß wir einen Ortskundigen bei uns hatten. Er schlug uns das große Restaurant direkt an der Hauptstraße vor. Dort hielten auch alle Überlandbusse der Gesellschaft *Copetrán* (*Corporación del Transporte*), denn die Fahrer wußten, wo etwas gut und preiswert war.

Für Fisch waren wir hier zu weit weg vom Fluß, und so aß ich ein Steak mit *pommes frites*. Den Salat, der meistens die Speisen begleitete, sollten Sie aber lieber links liegen lassen, da er oft mit Gülle gedüngt wird. Und Fleisch mußte in der Regel immer gut durchgegart sein. Auf dem Lande war es aber überflüssig, das zu erwähnen. Die Scheiben waren ohnehin so dünn, daß »medium« gar nicht möglich war. Dazu stand auf jedem Tisch eine Flasche mit selbstgemachter Chilisoße, dem *ají casero*, der für eine pikante Note des Essens sorgte.

◊

Es war ein anstrengender Tag gewesen, und wir waren recht-schaffend müde. Dazu trugen natürlich auch die *aguardiente* bei, die uns als Verteiler nach dem Essen gedient hatten.

Alle drei wurden wir in einem großen Raum untergebracht. *Airconditioning* gab es nicht, aber man beeilte sich, uns große Ventilatoren ans Fußende zu stellen. Nun, das war doch schon mal was. Damit würden wir die Nacht schon überstehen. Wir sagten uns gute Nacht und knipsten das Licht aus.

Wir waren noch nicht ganz eingeschlafen, als unsere Venti-latoren plötzlich stillstanden. Das Dorf stellte um 22 Uhr ganz einfach den Gemeindegenerator ab!

Ich legte das Leintuch weg, starrte im Mondlicht den stillste-henden Ventilator an und fing an, leise vor mich hin zu schwit-zen.

Meine Kollegen zogen ihre Schlafanzüge wieder aus und legten sich nur mit dem Slip bekleidet aufs Bett. Das wagte ich nicht, denn die Verdunstungswärme, die dem Körper entzogen wird, kann in diesen tropischen Klimata leicht zu Erkältungen führen. Aber vielleicht waren sie abgehärteter als ich.

Irgendwann schlief ich ein. Je näher der Morgen kommt, um so frischer wird es in den Tropen. Gegen vier Uhr kam dann der erholsame Schlaf.

Aber kaum war es hell geworden, schlurfte um sechs Uhr eine dicke, schwarze »Mammi« mit einem Tablett voller Kaffeetas-sen in unser Zimmer und stellte jedem von uns einen schwarzen, schrecklich süßen Kaffee mit dem Gruß hin:

»*Buenos días, señor*. Es ist Zeit zum Aufstehen.«

Woher wollte diese »Dame« eigentlich wissen, wann es für uns Zeit zum Aufstehen war? Und einfach so hereingeschneit zu kommen. Wir hätten ja nackt im Bett liegen können.

Blinzelnd schauten wir uns gegenseitig an, setzten uns auf die Bettkante und stellten fest, daß heute Nacht wenigstens keine Mücken da gewesen waren. Dabei schlürften wir den Kaffee oder das, was man so nannte. Vielleicht weckte er ja doch unsere Lebensgeister.

Die Duschen befanden sich unten im Hof. Dort war immerhin eine gekachelte Wand, aus der mehrere Rohre herausschauten. Wenn man an dem Hahn in der Wand drehte, kam sogar ein Schwall Wasser aus dem Rohr. Vom Gewinde am Ende des Rohres konnte ich schließen, daß ursprünglich auch einmal Duschköpfe vorhanden gewesen sein mußten. Aber entweder hatten diese Liebhaber gefunden oder sie waren immer verstopft gewesen, und man hatte sie einfach abgebaut.

So in freier Natur hatte ich auch schon lange nicht mehr geduscht. Übrigens, warmes Wasser gab es nicht. Ist auch im Prinzip nicht erforderlich. Aber da ich in den Morgenstunden mit meinem feuchten Schlafanzug und ohne das Laken ein wenig ausgekühlt war, kostete es schon eine kleine Überwindung, mich unter diesen Schwall zu stellen.

Das Frühstück war typisch ländlich. Auf die Frage: »Eier oder Fleisch«, wählte ich die Eier. Nach der Suppe, die mit dem *ají* gewürzt gar nicht einmal so schlecht schmeckte, kam der große Teller mit Reis, *yuca*, Kartoffeln, *fríjoles* und einem Ei. Dazu eine große Kumme Milchkaffee. Ein Brotkorb stand zur allgemeinen Bedienung auf dem Tisch.

Sie erinnern sich vielleicht, *fríjoles*, das sind die schwarzen Bohnen und die *yuca* ist eine Knolle, ähnlich der Kartoffel, aber nicht zu verwechseln mit der Süßkartoffel. *Yuca* gekocht ist mehlig, fest und von ziemlich neutralem Geschmack, so daß sie ideal zu den Bohnen paßt. Und natürlich zu Soßen, die es hier aber nicht gab. Für mich ist aber die *yuca* – bei uns *manioc* genannt – in fritierter Form wesentlich schmackhafter.

139

Wir waren noch nicht ganz mit dem Frühstück fertig, als schon Herr *Acevedo* erschien, um uns abzuholen. Er grinste bloß, als wir ihm von der Stromabschaltung erzählten.

»Das hätte ich ihnen sagen können«, war sein Kommentar. Er hatte ja darunter nicht zu leiden, denn er wohnte in einem Haus bei der Milchempfangsstation, das von den Dieselgeneratoren der Firma gespeist wurde.

Da die örtlichen Anlagen nur in begrenztem Umfang Strom liefern konnten, mußten alle unsere Stationen und Fabriken autonom sein. Also brauchten unsere Anlagen in diesen Gebieten außer der eigenen Stromversorgung auch Wasser und Abwasseraufbereitung. Daß wir Dampf- und Kälteanlagen brauchten, das versteht sich von selbst.

Das eigentliche Problem war eigentlich immer das Abwasser. Zwar lag so eine Station stets an einem Fluß oder Flüßchen, aber die trockneten regelmäßig im Sommer aus. Dann war in ihnen nur noch das Milchwasser, und das begann mit der Zeit stark zu stinken.

Die Fäkalien wurden ohnehin in einem septischen Tanksystem zersetzt, um das so geklärte Abwasser über Rohre im Boden versickern zu lassen. Das funktionierte immer zur vollen Zufriedenheit. Das Milchwasser hingegen konnte man nur so weit wie möglich von den besiedelten Gebieten wegbringen und den dann entstehenden »See« einzäunen, so daß auch Tiere nicht davon tranken. Das erforderte manchmal richtige Aquädukte, wie bei den alten Römern.

In dieser Milchempfangsstation hatte ich schon etwas mehr zu schauen, da es eine relativ komplexe Installation war. So ging es auch meinen Begleitern, die jeweils ihr Gebiet unter die Lupe nahmen.

Nach einem gemeinsamen Mittagessen, bei dem die Details, die hier verbessert werden mußten, mit Herrn *Acevedo* durchgesprochen worden waren, verabschiedeten wir uns und es ging in einem vierstündigen Geschaukel zurück, vorbei an den weißen Baumwollfeldern und den noch grünen Weiden.

Jetzt begleitete uns die *Serranía de los Motilones* – die Gebirgskette, die Kolumbien von Venezuela trennt – auf der rechten Seite und vor uns sah man die Schneegipfel der *Sierra Nevada*. Herrlich dieses Panorama.

Und wir hier unten schwitzten und schluckten Staub.

Trinkgefäß der *Quimbaya*

# Ein Campingausflug

## oder

## wie Deutsche in Südamerika sprechen

E s gibt wieder eine *puente*. Wollen wir zum *Camping del Sol* fahren?«, fragte mich Inge.

»Ich muß nur in der *oficina* schauen, ob ich früher Schluß machen kann«, meinte ich, und es ließ sich einrichten.

»Laß uns mal unsere Checkliste durchgehen«, erwiderte Inge, und schon holte sie ihre Liste.

»Die *compras* mache ich morgen früh im *Carulla*, und am Nachmittag koche ich dann alles vor und friere es ein. Möchtest Du auch *pollo* auf der *parilla* haben, oder soll ich nur *chatas* und *chuletas* kaufen?«

»Also, schön mit Senf eingelegte *Pollo*schenkel wären auch nicht zu verachten. Kauf die ruhig. Ich lege dann morgen Abend alles ein, dann brauchen wir es auch nicht zu *congelieren*. Soll ich auch *ají* machen?«

»Ja, das solltest Du schon«, meinte Inge, »dann schmeckt doch die *parillada* erst richtig. Übrigens, haben wir eigentlich genügend *gasolina blanca*?«

»Muß ich schauen«, antwortete ich. »Aber was ist mit den Strümpfen für die Benzinlampen. Muß ich da noch welche kaufen? Na ja, ich werde auch das nachschauen.«

So plätscherte das Gespräch an diesem Abend dahin und wir legten fest, wer was machen mußte.

Am Donnerstagabend, war dann *high life* bei uns in der Bude. Die Kinder mußten mir helfen *chatas* und *pollos* einzulegen und den *ají* zu machen. Dafür mußte ja eine Menge Grünzeug geschnippelt werden.

Inge war schon dabei, die anderen Sachen parat zu stellen.

So ein Campingausflug war bei uns immer wie ein halber Umzug. Wenn man den Jeep mit vier Personen besetzte, dann blieb nicht so viel Ladefläche, wie man eigentlich haben wollte. Also hatte ich mir einen Anhänger anfertigen lassen und damit ging es prima. Es ist aber eine alte Weisheit: Je mehr Platz man zur Verfügung hatte, desto mehr brauchte man auch. Und Jeep und Anhänger waren jedesmal proppenvoll.

Außer Klappstühlen und -tisch, mußte die *parilla* und Holzhohle mit, das Zelt und große Trinkwasserkanister, die *Iceboxen* und die *bolas criollas*, ein ganz wichtiges Spielgerät, durften auf gar keinen Fall fehlen.

Na ja, Inge arbeitete ihre Liste ab.

»Vergiß morgen nicht, noch zur Bank zu gehen und den Scheck zu *cobrieren*, sonst haben wir kein Geld.«

»Ok«, sagte ich, »das mache ich gleich von der *oficina* aus. Die Bank ist ja unten im Gebäude.«

Unser Ältester druckste so herum und meinte dann, ob wir nicht auch zu fünft im Jeep fahren könnten.

»Na klar«, sagte ich, »da können sogar sechs Personen mitfahren.«

»Kann ich dann nicht Marina mitnehmen?«

Marina war Ingos *novia*.

»Du, das geht nicht«, versuchte ich ihm klar zu machen. »Wir haben doch nur zwei Schlafzelte. In dem einen seid ihr und in dem anderen wir.«

Schweren Herzens sah er das ein, und ich war froh, daß es über diesen Punkt keine weitere Diskussion gab.

»Vergiß den Whisky und die Cola nicht«, sagte ich zu Inge. »Ich mache schnell noch ein bißchen *hielo*, damit wir morgen genügend haben. Wieviel Trockeneis soll ich von *Liquid Carbonic* mitbringen?«

»Zwei Blöcke zu je einem Kilo«, meinte Inge. »Wenn ich

das gut in Zeitungspapier einwickele, dann hält das bis zu vier Tage vor.«

»So, Kinder, jetzt *molestiert* nicht mehr und ab ins Bett. Morgen Abend wird es sowieso spät«, sagte ich zu meinen beiden Söhnen um neun Uhr.

Die Vorfreude überwog, und sie gingen ohne zu murren ins Bett. So konnte ich noch ganz gemütlich meinen Whisky mit Cola trinken.

Die Weißbenzinlampen hatte ich schon überprüft. Wie nicht anders zu erwarten war, hatten die Brennstrümpfe durch die Vibrationen beim Transport ihren Geist aufgegeben – sie waren zerfallen. Neue waren aber vorhanden. Das war also kein Problem, es würde morgen Abend nur etwas länger dauern, bis wir Licht bekamen. Die neuen Strümpfe mußten erst abgebrannt werden.

Bevor ich am Freitagmorgen aus dem Haus ging, machte ich noch den Anhänger parat, damit Inge schon alles einpacken konnte.

Meine Liste sah nicht nur das *cobrieren* des Schecks und den Kauf des Trockeneises vor, sondern ich mußte auch noch die *Inversión* in UPACs tätigen, wenn ich schon auf der Bank war. Und dann mußte ich noch bei der *bomba* vorbeifahren und *gasolina* mitnehmen. So verloren wir später keine Zeit mit dem Tanken auf dem Weg zum Campingplatz.

Punkt ein Uhr war ich zu Hause. Das Trockeneis kam in die beiden *Iceboxen*, die dann in den Anhänger und schon konnte die Abdeckplane befestigt werden. Inzwischen aß ich den Sandwich, den Inge mir zubereitet hatte. Das Anhängen des Hängers war die letzte Aufgabe.

Bevor wir losfuhren, schärften wir unserer *muchacha* noch einmal ein, morgen ja nicht zu vergessen die *basura* hinauszustellen. Sie wisse ja, wenn die Säcke nicht rechtzeitig draußen ständen, dann führe die *basura* einfach durch.

»Ja, *su mercéd*«, versicherte sie uns, »*no se preocupe*, ich werde alles zu ihrer Zufriedenheit erledigen.«

»Hoffen wir es«, dachte ich bei mir. Ändern konnte ich ja ohnehin nichts.

»Also, alles klar?« fragte ich. »Dann alle Mann hinein ins Auto und los.«

Quer durch *Bogotá* mußten wir, vom Norden, in dem wir wohnten, in den Süden mit seinen Armengebieten. Je nach *tráfico* brauchten wir eine bis anderthalb Stunden, bis wir schließlich die *carretera* nach *Fusagasugá* vor uns hatten. Das erste Stück führte auf 3.000 Meter hinauf und mein armer Vierzylinderjeep hatte echt Mühe mit dem Anhänger, aber ab der *Virgen del Carmen* ging es nur noch bergab.

Erinnern Sie sich? Die Jungfrau Carmen ist die Schutzpatronin der Lastwagenfahrer, und sie bringen ihr ihre ausgedienten Scheinwerfer dar. Auch dieses Mal stellten wir fest, daß es wohl wieder mehr geworden sein mußten.

Je tiefer wir kamen, desto wärmer wurde es. Auch unserem Jeep gefiel es, denn er zog immer besser.

Pro 1.000 Meter Höhe verlieren die Motoren 10 Prozent ihrer Leistung und das macht bei 2.600 Metern Höhe, auf der *Bogotá* lag, schon einmal eine Leistungsminderung von 25 Prozent.

Um fünf Uhr passierten wir *Fusagasugá* und erreichten wenig später *Camping del Sol*. Nach Bezahlen des Eintritts und einer entsprechenden *propina*, konnten wir sogar unseren Stammplatz anfahren. Wir *parkierten* den Wagen so, daß er uns gleichzeitig von möglichen Nachbarn abschirmte.

Jetzt hieß es sich beeilen, das Zelt und die Lampen bis um sechs Uhr bereit zu haben – dem Einbruch der Dunkelheit. Dabei lief uns der Schweiß ganz schön herunter, denn wir waren jetzt nur noch auf 800 Metern über dem Meeresspiegel.

Als eingespieltes *Team* schafften wir den Aufbau des Zeltes schnell. Während ich mich um das Abbrennen der

Lampenstrümpfe kümmerte und *gasolina blanca* nachfüllte, bauten die Kinder die *parilla* auf und Inge machte unsere Schlafzelte bereit.

Dann ging es erst einmal in die *piscina*. Eine Abkühlung war jetzt notwendig.

Danach, Sie erraten es schon, kam der obligate Whisky, während wir auf das Durchglühen der Holzkohle warteten. Heute wollten wir die *chatas* grillen, denn die *pollos* brauchten mehr Zeit. Davon hatten wir morgen mehr.

Wenn wir dann später am Abend nur im T-Shirt in unseren Campingstühlen saßen, den kalten Whisky-Cola (*hielo* hatten wir ja mitgebracht) in der Hand und den klaren Himmel über uns, waren wir mit uns und der Welt zufrieden. Endlich ein paar Tage ausspannen. Der Umzug war es wieder einmal wert gewesen. Schade, daß wir hier keine *playa* und Palmen hatten. Aber man kann vom Paradies nicht alles verlangen.

Oder lag unsere Zufriedenheit doch nur etwa an unseren vollen Bäuchen, gemäß dem spanischen Sprichwort: »*estómago lleno, corazón contento*, Wenn der Bauch voll ist, ist das Herz zufrieden«?

# Erläuterungen:

| | |
|---|---|
| *puente:* | eigentlich Brücke, hier ein verlängertes Wochenende |
| *Camping del Sol:* | Eigenname eines Campingplatzes |
| *compras:* | Einkauf |
| *Carulla:* | Name einer Supermarktkette |
| *pollo:* | Huhn |
| *parilla:* | Grill |
| *chata:* | Rumpsteak |
| *chuleta:* | Kotelett |
| *congelieren:* | verdeutscht einfrieren |
| *ají:* | pikante, hausgemachte Soße |
| *parillada:* | das, was man auf dem Grill zubereitet |
| *gasolina blanca:* | Weißbenzin, gereinigtes Benzin |
| *bolas criollas:* | eine Art Boccia mit größeren Hartplastikkugeln |
| *cobrieren:* | verdeutscht kassieren |
| *oficina:* | Büro |
| **UPAC:** | festverzinsliche Papiere, die an die gleitende Devaluation angepaßt werden |
| *novia:* | eigentlich Verlobte, aber im erweiterten Sinn eine Freundin |
| *hielo:* | Wassereis |
| *Liquid Carbonic:* | amerikanische Firma, die unter anderem auch Trockeneis herstellt |
| *molestieren:* | verdeutscht belästigen |
| *Inversión:* | Investition |
| *bomba:* | eigentlich Pumpe, ganz allgemeine Bezeichnung für eine Tankstelle |

| | |
|---|---|
| *gasolina:* | Benzin |
| *muchacha:* | Hausmädchen |
| *basura:* | Müll oder auch der Müllwagen |
| *su mercéd:* | Euer Ehren |
| *no se preocupe:* | machen Sie sich keine Sorge |
| *tráfico:* | Verkehr |
| *carretera:* | Landstraße |
| *virgen:* | Jungfrau |
| *propina:* | Trinkgeld |
| *parkieren:* | verdeutscht parken |
| *piscina:* | Schwimmbad |
| *playa:* | Strand |